これができれば電話応対OKです！

監修　直井みずほ

ナツメ社

はじめに

突然ですが、あなたは友達や家族に連絡をするとき、電話を使うことが多いですか？
それともLINEやメールですか？

LINEやショートメッセージなど『文字』でのやりとりがメインという方がほとんどなのではないでしょうか。
『電話を使う』といえば携帯電話のことで、自宅にも固定電話はないという方も多いでしょう。

そのような背景からか、社会人になって
「電話で話すのは苦手だから、できる限りメールで連絡を済ませたい」
「電話をとらなければいけないのはわかっているけれど、怖くてとれない」
という反応をする方が増えてきています。

かく言う私は、電話がメインの連絡手段だった時代に社会人生活をスタートしましたが、それでもビジネスの場で自信をもって電話に出ることができるようになるまではたいへんな思いをしました。

「担当の者から折り返し電話をします」と言っておきながら相手のご連絡先を聞き忘れたり、ていねいに話さなければと思うあまり「ご伝言をお伝えさせていただきます」と過剰すぎる敬語を使ってしまったりと、電話を切る頃には受話器を握った手が汗でびっしょりというようなことはしょっちゅうでした。

しかし、経験を積み重ねるうちに『電話にうまく対応するコツ』のようなものがあると気づきました。

例えば、お互いの顔が見えないからこそ対面時以上に声のトーンを豊かに使い分けること、かかってくる電話にはいくつかのパターンがあるということ、そのパターンによってよく使うフレーズがあること。

これらのパターンに気づいてから、少しずつ電話が怖くなくなりました。スムーズに電話を取り次いだり伝言を預（あず）かったりすることができるようになり、自分から電話をかけるときにもあまり緊張しなくなりました。

この本は、そのような『電話にうまく対応するコツ』を少しでも早くつかんでいただけるよう、できるだけ簡単にシンプルに、ポイントをまとめてあります。

お守りがわりにお手元に置いて、役立てていただけたら嬉しいです。

国際おもてなし協会 代表理事　直井みずほ

会話を全部
聞かれている気がする……

知らない人と話すと
疲れる……

苦手

いろいろ言われると
パニックになっちゃう……
焦る

そもそもどうして
電話応対が必要なの？

①新入社員にとっての最初の仕事

入社したばかりでも、すぐにできる仕事の1つが電話応対です。基本の「型」を覚えれば誰でも力を発揮できます。

②会社のことがわかるようになる

電話に出ることで、自分の勤めている会社がふだんどのような取引先とやりとりしているのかがわかります。

③マナーの基本が自然と身につく

電話応対では、敬語の使い方や社会人としてのふるまい方、気の配り方を身につけられます。これらは実際に体験したほうが、早く身につきます。

④仕事がうまくいくようになる

電話応対がスムーズにできるようになると、会社のこともわかり、マナーも身につくため、ほかの仕事もうまく進められるようになります。

それでもやっぱり電話が怖い。
そんなあなたに電話応対に必要な
最低限のルールとマナーを本書でお伝えします！

本書の特徴

電話応対で
起こりがちなシーンを
ケースごとに紹介！

case1 外出していて社内に戻ってくる場合 よくある

◎◎はただいま席を外しておりまして、×時頃には戻る予定になっております。戻り次第、お電話いたしましょうか？

POINT 外出中も「席を外している」と対応します。戻り時間を伝え、対応を提案します。「恐らく×時頃になりそうです」など、あいまいな言葉づかいはNG。

2章 電話の受け方 電話を取り次

セリフを
そのまま真似して
使うだけでOK！

状況に合わせたフレーズを選び、真似するだけでいいので、間違った電話応対をしてしまう心配もありません。電話を怖がる必要もなくなります。

本書を使えば……

もう電話応対でまごつかない！

CONTENTS

2章 電話の受け方

3章 電話のかけ方

4章 敬語の基本

5章 クレーム対応

6章 緊張しやすい場面

受け方

1章

電話応対の心がまえ

コツさえつかめば、電話応対は簡単にできるようになります。
押さえておきたい基本的なポイントを、まずは解説します。

マナー

01 電話、メール、対面、それぞれの役割

依頼やお礼、謝罪、プレゼンなど、目的によってコミュニケーションの手段は変わります。それぞれの特色を知り、ベストな伝え方を選びます。細やかなフォローが必要なときやお礼をするときは電話を使うのがベストです。

電話の役割

役割1

相手の感情を把握(はあく)できる

メールなどでは伝えにくい複雑なニュアンスを、わかりやすくていねいに伝えることができます。また、リアルタイムで相手の反応を知ることもできます。

役割2

その場で確認できる

話をしながら、相手と1つひとつ確認ができるため、物事(ものごと)をスムーズに進めることができます。緊急時の連絡手段としては欠かせません。

役割3

自分の感情を伝えやすい

お詫びやお礼などのシーンで、特に力を発揮します。もちろん、お詫びなどは対面で感情を伝えるのがベストですが、「スピーディに誠意を伝える」という意味で、電話は便利です。

メールの役割

役割1

資料などを送れる

資料を添付すれば、すぐに情報を共有することができます。重たいデータも圧縮サービスなどを使えば、一瞬で相手に届きます。同時に多くの人に送信できる点も魅力です。

役割2

履歴が残る

電話や対面とは違って、情報を文字として残しておくことができるので、スケジュールの確認などはメールで行うと確実です。過去のやりとりをいつでもさかのぼって確認できるところもメリットです。

対面の役割

役割1

感情を伝えやすい

表情や、身振り手振りなどの「見た目」も使ってコミュニケーションができます。声と言葉だけでなく視覚も使い気持ちを伝えられ、好印象を与えることができます。

複雑なコミュニケーションができる

お互いに表情を見つつ、より複雑な話ができます。多くの資料を見ながらプレゼンしたり、意見を交わすこともできます。

マナー

02 電話応対の基本

電話の役割を理解したら、次は電話応対における5つの基本を押さえます。これさえ知っておけば、電話のメリットを最大限に活かせるようになります。

心がけたい 5つのこと

基本①

ていねいに対応する

電話にていねいに対応することで、相手から正確な情報を聞き取りやすくなります。反対に、いい加減な電話応対は、伝達ミスや予期せぬトラブルを招きかねないので注意。

➡ 正確な情報を引き出せる！

基本②

迅速に対応する

電話をかけてくる人の大半は、「早く伝えたい」、「早く確認したい」といった「早さ」を重視しています。あなた自身も業務をしながら電話応対に時間を割(さ)いているはずです。「お互いに貴重(きちょう)な時間を使っている」という意識を忘れないようにします。

➡ お互いに仕事が速く回る！

基本③

正確に話す

間違った内容を伝えてしまうと、会社の人も、取引先の人も、みんな混乱してしまいます。とはいえ怖がりすぎることはありません。メモをとって、内容の復唱をすれば大丈夫です。こちらが話すときは、「伝えるべきこと」を正確に、ハッキリと伝えます。

➡仕事がスムーズに回る！

基本④

電話は3コール以内にとる

電話をかける側は、電話をかけてから3コール以上待たされると不安になってしまいます。相手を待たせてしまうと、よい第一印象を与えられないこともあります。反対に、電話応対がていねいだと、信頼を得られます。まず迅速に電話をとることで、誠実さを伝えることができます。

➡相手からの印象がよくなる！

基本⑤

メモとペンを用意する

電話応対では、聞いたことを正確に記録するのは基本です。自分の記憶力を過信せず、必ずメモをとります。デスクの上にメモとペンを置いておけば、習慣化できます。

➡聞いたことを人に正確に伝えられる！

マナー

03 電話応対のときの姿勢

ていねいで正確な電話応対のために重要なのは「声」です。聞き取りやすい声を出すためには、背筋を伸ばして姿勢をよくすることです。「発声しやすい姿勢」を身につけたら、次は「メモをとりやすい姿勢」を整えます。

声が出やすくなる姿勢

受話器を口から少し離す

口から受話器までの距離を一定にする。声のムラがなくなり、相手に聞こえやすくなる。

利き手と逆側の手で受話器を持つ

正確に、すばやくメモをとるには、利き手でペンを持つことが大事。

顔はできるだけ正面

あごを下げるとのどが圧迫されるため、声を出しにくくなる。少し上を向くくらいでＯＫ。

背筋を伸ばして姿勢を正す

背筋を伸ばすと、お腹が圧迫されないので声を出しやすくなる。

両足をそろえる

足をそろえて座ることで、お腹に力が入るので姿勢が崩れない。

姿勢の「よい・悪い」は声にしっかり反映されるので気を抜かないように。

こんな姿勢はNG

姿勢がだらしない

周囲の印象を悪くするだけではありません。締まりのない声になったり、相手の伝言を聞き逃したり、デメリットばかりです。

デスクが散乱

会話に集中しにくくなります。そのうえ、電話の取り次ぎに手間取ったり、メモをとり損ねたりもします。

だらしない姿勢で会話をすると、声もだらしなくなり、集中していない様子が相手に伝わってしまうこともあります。自分の姿まで相手に見られていると思いながら電話に出ます。

マナー

04 電話の使い方と機能を覚える

会社の電話の操作方法をマスターします。使い方や機能がわかっていれば、どんな場面でもあわてずに対応できます。電話が鳴っていないあいだに、基本的な操作をシミュレーションしておきます。

電話を受けるときに使う機能

保留ボタン

電話を切らないまま、相手に待ってもらうときに使います。受話器を持ったまま、「保留」ボタンを押し、受話器を置きます。保留ボタンを押さずに受話器を置くと電話が切れてしまうので注意。

少々お待ちくださいませ。
↓
保留ボタン
↓
受話器を置く

転送ボタン

電話を切らないまま、ほかの電話に回線を切り替えるときに使います。受話器を持ったまま、「保留」ボタン→「転送」ボタンの順番で押し、名指し人の内線番号を押します。受話器を置くと、名指し人への転送が完了します。

少々お待ちくださいませ。
↓
保留ボタン
↓
転送ボタン
↓
◎◎様からお電話です。
↓
受話器を置く

電話をかけるときに使う機能

発信または外線

社外や携帯電話などに電話をかけるときに使う機能です。受話器を持ち、「発信」または「外線」のボタンを押します。それから、かけたい電話番号を押します。

※受話器をとったあとにそのまま電話番号を押すだけで電話をかけられる機種もあります。

受話器を持つ
↓
外線ボタン
↓
電話番号を押す

短縮ダイヤル

すでに「短縮ダイヤル」として登録されている電話番号にかけるときに使う機能です。受話器を持ち、「短縮」ボタンを押し、それから、かけたい短縮番号を押せば、電話番号を押さなくても電話をかけることができます。

※機種によっては使い方が異(こと)なることがあります。

受話器を持つ
↓
外線または短縮ボタン
↓
短縮番号を押す

内線ボタン

すでに「内線ダイヤル」として登録されている番号にかけるときに使う機能です。受話器を持ち、「内線」のボタンを押し、それから、かけたい内線番号を押します。

※機種によっては使い方が異なることがあります。

受話器を持つ
↓
内線ボタン
↓
内線番号

5つの機能さえ覚えれば、
電話機の操作は完璧！

マナー

05 好印象を与える話し方

ふだんよりもやわらかく、少し高めの声で話せば、相手に与える印象をぐんとよくすることができます。まずはいつもより1トーンアップすること、そしてゆったりと話すことを目指します。

好印象を与えられる4つのコツ

コツ1

第一声は明るく

電話に出るときも、かけるときも、第一声は明るく元気に話します。そのために、まず意識的に表情をつくります。口角をキュッと上げて、「笑顔の自分」をイメージするだけで、声は自然に明るくなります。

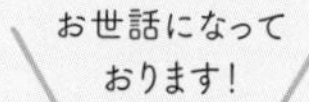

コツ2

聞き取りやすい声で話す

電話応対では、相手が聞き取りやすい声を出す必要があります。次に、滑舌のよい話し方を目指して口をしっかりと動かすようにします。最後に、「ていねいさ」、「やわらかさ」も大事です。相手にやさしさや誠実さを伝えるつもりで話します。

コツ③

1トーンアップする

電話で話すときには必ず「電話応対モード」に切り替えます。そして、声の高さを意識的に1トーン上げます。そうすることで、相手があなたの声をうんと聞き取りやすくなります。「声を聞きづらい」というストレスがなくなるため、会話がスムーズに進みます。

コツ④

相手が話すスピードに合わせる

話を正確に聞き取ってもらうために、話すスピードを相手のスピードに合わせます。すると、相手にとって理想的な会話のテンポが生まれます。話していて心地よいと思ってもらえるように会話を進めることが大切です。

いきなり4つのコツすべてを意識しようとすると、かえって緊張してしまう可能性もあります。最初は誰でもうまくはできないもの。焦らず、1つずつできるように意識します。

姿勢よく、口を大きく開ける

口の大きさは指3本分

姿勢を正し、縦に重ねた指3本が入るくらい口を大きく開け、声を出します。口をしっかりと動かすと表情筋が活発に動き、口角もアップ。笑顔をつくりやすくなり、声も明るくなります。

マナー

06 話し方のクセに気をつける

話し方には人それぞれクセがあります。気がゆるむと、クセがうっかり出てしまい、相手に不快な思いをさせてしまうことも。「よくある話し方のクセ」をまずはよく知ること。それがクセの改善・解消へとつながります。

こんな話し方はNG

言い淀(よど)む

連呼すると、不安定で頼りない印象を与えてしまいます。「つなぎの言葉」はふだんから使わないように気をつけて。

- はぁ……
- えっと……
- あー、
- えー、
- あのー、
- あのですねー、
- そうですねー、
- それはですねー、

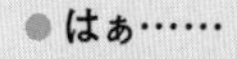

言い切らない

伝えにくい用件を言わなければならないときに出やすいクセです。

- ◎◎ですが……
  (例:失礼ですが……
  ※このフレーズだけで
  名前を聞こうとする)
- ◎◎ますが……
  (例:席を外しておりますが…)
- ◎◎ですので……
- だと思いますけれど……
- とはいえ……
- とのことですので……

語尾伸ばし

最初はていねいに話していても、「相手が親しげに話してくれると、つい語尾が伸びてしまう」という人も少なくありません。親しい間柄にも礼儀ありの心で電話応対を。

- あのー
- えーっと
- でーす
- ですですー
- ですよねー

早口になる

早口でまくしたてるように話してしまうと、相手はあなたの声を聞き取りづらく感じます。話の内容に自信があったり、急いでいるとき、余裕がないときは早口になる傾向があります。謙虚に伝える姿勢を持ち、思っている以上にゆっくり話します。

もごもご話す

もごもごと口の中にこもったような声は聞き取りにくいです。自信がないときや言い訳したいときほど、もごもご話してしまいがち。相手の感情を逆なでしないよう、そんなときこそはっきり話します。自分が思っている以上にはっきり話すくらいでちょうどよいものです。

前置きが長い

世間話や近況の話題でコミュニケーションを弾ませることは大事なこと。ですがあまりに前置きが長くなると「何を言いたいのかわからない」、「話が回りくどい」、「忙しいのに面倒くさい」とマイナスにとらえられる可能性もあります。事前に「伝えたいポイント」を整理しておきます。

マナー

07 電話で緊張しない方法

電話応対で緊張してしまうのは、誰にでもよくあること。基本の対処法を押さえて本番に備え(そな)れば緊張もやわらいで、落ち着いて電話応対できるようになります。

緊張がやわらぐ7つのコツ

コツ①

社内の人の名前を覚える

社内の人の所属部署、役職、名前、おおまかな業務内容を頭に入れておきます。座席表に名前を書いたメモを作成するのもおすすめ。同姓(どうせい)の人がいる場合、フルネームで覚えます。もちろん「自分の力だけで取り次ぐべき」というわけではありません。保留にして周りにたずねて大丈夫です。

コツ②

電話に出る前に深呼吸

緊張をやわらげるには、心にゆとりをもつこと。大きく深呼吸をして、リラックスします。「グー」、「パー」の形を左右の手で交互につくると、緊張がやわらぐことも。また、姿勢も重要です。前かがみになりすぎると声がこもるので注意が必要です。

コツ③
自分の会社のことを把握しておく

自社の電話番号や住所、メールアドレスなどの情報は一覧表にして用意しておきます（P.32参照）。デスク周りに貼っておくのも◎。電話応対では、会社情報を聞かれることもよくあります。

コツ④
相手から「必ず聞くこと」をまとめておく

相手の氏名、所属、指名人、用件、連絡先など、聞かなければならない必須項目は覚えておきます。聞くことを書いた自作のメモを用意してもOK。

コツ⑤
基本的な電話のマナーを予習しておく

「敬語の基本」（P.106参照）、「電話の受け方」（P.34参照）、「電話の取り次ぎ方（P.40参照）、「電話のかけ方」（P.68参照）を押さえれば、電話応対の基礎はバッチリです。

コツ⑥
目の前に相手がいると思って話す

気負（きお）わず「相手と実際に会っているつもり」で対応します。そして、相手への共感や尊敬の気持ちを声で伝えられるよう意識します。目の前に相手がいると思って話せば、相手の反応を想像しながらうまく会話できます。

コツ⑦
経験を積んで、電話に慣れる！

シミュレーションをくり返したら、あとは実践あるのみ。失敗はつきものですが、気にしすぎずどんどん電話応対をこなしましょう。

マナー

08 電話応対に慣れると、ほかの仕事も円滑に回る

電話応対を無理なくこなせるようになれば、ほかの場面でもコミュニケーションを円滑(えんかつ)にとれるようになり、仕事がとてもはかどるようになります。自分の気持ちを伝えるスキルは、リアルな人間関係でも役立ちます。

ポジティブなスパイラルが巻き起こる

電話応対に慣れると、敬語や「ポジティブな表現」を使いこなせるようになります。「相手を待たせない」という意識も強まり、社会人としての時間感覚も自然と身につきます。また、クレームの電話を受けるうちに、聞き役としての姿勢や、問題解決能力も身につきます。そして相手の心を温かくする「共感」や「気配り」の言葉もスムーズに伝えられるようになります。電話応対には、社会人として大切なことが詰まっているのです。

早く上達するための4つのコツ

コツ①
上司の電話応対を聞く

上司が社外の人と電話で話しているときに聞き耳を立て、どんな言葉づかいで話しているのか、どれくらいの声のトーンで話しているかなどを観察します。手っ取り早く電話応対をマスターするには、尊敬する人の真似からはじめるのも1つの手です。

コツ②
とにかく数をこなす

「失敗の数だけ、早く上達する」ととらえて、積極的に電話に出ます。失敗して迷惑をかけたら、謝って、再発防止に努(つと)めます。

コツ③
「自分だけじゃない」と知る

同期の社員や社外の友人などに、電話応対について話をしてみることも不安解消法の1つです。「怖い気持ちはみんな同じ」と気づけば、肩の力が抜けるはずです。

コツ④
怖がらず、聞き返す

相手の話を聞き取れなかったとき。まずは「恐(おそ)れ入りますが」というひと言をはさんで、素直に聞き返します。相手の言葉を正確に聞けなければ、正しい情報を相手に伝えることができません。小さな積み重ねが「電話が恐い」という気持ちを消してくれるのです。

電話応対への不安は
誰もが経験する道です。
怖がらずにどんどん
チャレンジしよう!

COLUMN

自社の情報をデスクに置いておこう

電話応対中、自社の情報が必要になることがあります。突然、電話番号やメールアドレスを聞かれると、焦ってしまう原因にもなります。自社のことを聞かれたときに即答できるよう、ふだんからメモを用意しておきます。情報を丸暗記する必要はありません。「よく聞かれること」を一覧にして、デスクの前に貼っておけば安心です。

メモしておきたい項目

- 自社の所在地（住所、郵便番号）
- 自社の代表電話番号（ファクス番号・メールアドレス）
- 自社の部署ごとの直通の電話番号（ファクス番号・メールアドレス）
- 自社の公式サイトのURL
- 自分のメールアドレス
- 最寄り駅からの簡単な案内法

など

〒123-4567　東京都江東区東陽8-1-4 △△ビル8階
代表番号：03-5432-5432　代表メール：xxxxxx@co.jp
◎◎部直通番号：03-1234-1234
◎◎部メール：oooooo@co.jp
自分のメール：yyyyyy@co.jp

＜駅からの案内＞
中央改札を出てすぐに右に曲がる。
100mほど歩いたらコンビニがある。その左隣のビル。

2章

電話の受け方

電話応対の最初の一歩は電話を受けるところから。電話を受けたときの流れと、ケース別の対応法を紹介します。

電話がきたときの基本の流れ

電話とは突然鳴るものです。それまでの作業の手を止めて電話応対モードに切り替え、ていねいに対応する必要があります。電話応対のおおまかな流れを頭に入れておくことが大切です。

電話を受けるときのポイント

ポイント①

メモとペンを用意する

相手の話や伝言を正確に記録するために、電話の近くにメモとペンをつねに用意しておきます。「電話で相手と話しながら、ペンやメモを探す」という状況は、ミスのもとです。

ポイント②

必ず3コール以内に出る

忙しいときでも、社外からの電話には「3コール以内に出る」のが原則です。呼び出し音が3コール以上続くと、人は「なぜ？」、「大丈夫？」と不安になります。また「待っている側」の時間感覚は「待たせる側」より長いともいわれています。

電話を受けるときの基本の流れ

1 電話に出る

気持ちを電話応対モードにチェンジ！　明るくさわやかな声で名乗ります。

➡P.36へ

2 復唱&あいさつ

相手の名前をしっかりと確認したら、定番のフレーズで心をこめてあいさつします。

➡P.38へ

3 名指し人に取り次ぐ

名指し人が社内にいる場合は取り次ぎます。席を外している場合は臨機応変な対応をします。

➡P.40へ

4 名指し人が不在の場合

外出先やその理由などをくわしく伝える必要はありません。重要なのは「戻り時間」です。

➡P.44へ

5 電話を切る

伝言を預かる、折り返しの希望を聞くなど、相手の要望に沿った対応ができたら電話を切ります。

➡P.52へ

基本編

01 電話に出る

電話応対で、会社の印象は変わります。電話に出るのは電話応対の基本中の基本。明るくていねいな話し方を意識します。元気な声で電話を受けるだけで、会社の印象もよくなります。

電話に出るときの3つのコツ

コツ1
電話応対モードに気持ちを切り替える！

コツ2
明るくさわやかな声で！

コツ3
聞き取りやすいように、ゆっくりと話す！

電話が鳴ったら、気持ちを切り替えてから応対します。気をつけたいのは第一声。会社の電話では「はい」で出るのが基本です。笑顔で話すと明るい声が出やすくなります。

＼こんな言い方はNG✕／

もしもし。◎◎です。

case1 3コール以内で受けた場合 

 **はい。◎◎でございます。**

POINT 会社名や部署名を名乗ります。個人名を付け加える会社もあるので、会社のルールを確認して従います。

case2 3コール以内で受けられなかった場合

 **たいへんお待たせいたしました。◎◎でございます。**

POINT 電話は3コール以内に出るのが基本。3コール以上鳴ってから出た場合は「たいへんお待たせいたしました」とお詫びします。

case3 午前11時までにかかってきた電話の場合

 **おはようございます。◎◎でございます。**

POINT 「おはようございます」というひと言があるだけで、さわやかな印象を与えることができます。また、相手への気遣いも感じさせることができます。

mini column 自分あてに内線電話がかかってきた場合は?

 はい、◎◎課の◎◎です。

外線電話と同じく、第一声に「もしもし」と言うのはNG。「はい」と答えたあと、所属部署と名前を名乗ります。小さな会社の場合は、名前だけでも問題ありません。部署内に同姓(どうせい)の人がいたら、フルネームで名乗ります。

基本編

02 相手が名乗ったら復唱&あいさつをする

社会人にとっては、「お世話になっております」が定番のあいさつです。初対面の相手に対して使っても、失礼にはあたらないので積極的に使って問題ありません。

復唱&あいさつをするときの3つのコツ

コツ① **相手の名前をしっかり聞き取る!**

コツ② **あいさつされなくても、積極的にあいさつする!**

コツ③ **面識のない人にも、定番フレーズは使える!**

相手の会社名や名前をしっかり確認したら、次は「お世話になっております」と基本的なあいさつを。「お世話様です」というフレーズは、目上の人には失礼になるので使いません。

\こんな言い方はNG✕/

お世話様です。

case1 相手が名乗った場合

A社の◎◎様でいらっしゃいますね。
お世話になっております。

POINT 手元に置いたメモに、相手の名前を書きとめるクセをつけるのがおすすめ。うっかり名前を忘れることもありません。

case2 相手の名前が聞き取れなかった場合

お世話になっております。
恐(おそ)れ入りますが、
もう一度お名前をお願いできますでしょうか?

POINT 「お名前をお伺(うかが)いできますでしょうか」と聞くのもOK。ただし「おっしゃってください」は命令口調に聞こえるので×。

case3 復唱したら間違っていた場合

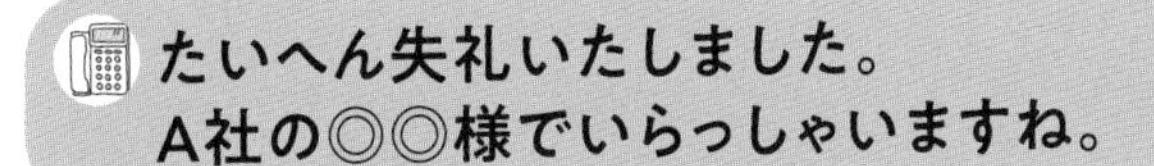

たいへん失礼いたしました。
A社の◎◎様でいらっしゃいますね。

POINT 「聞き取りにくかったので」といった言葉は不要です。間違いをお詫びしたうえで、名前を復唱します。

case4 相手が名乗らなかった場合

失礼ですが、どちら様でしょうか?

POINT 相手がうっかり名乗るのを忘れてしまうこともあります。その場合は、「失礼ですが」とひと言添えて、名前を聞きます。

基本編

03 電話を取り次ぐ 名指し人が在席の場合

電話の相手から名指しされた人（名指し人）が社内にいるときは、保留ボタンを押して取り次ぎます。社内にいても、たまたま席を外していることもあります。そのときは臨機応変に対応します。

社内にいる名指し人に電話を取り次ぐときの3つのコツ

コツ①
席を外している理由は、わざわざ伝えなくてOK！

コツ②
戻り時間は、できるだけ正確に伝える！

コツ③
あいまいな言葉は使わない！

社内にいても、トイレや会議、接客などで席を外していることは多いです。そういった事情をありのまま伝える必要はありません。何より、正確な戻り時間を伝えることが大事です。

＼こんな言い方はNG✕／

すいません、今トイレなので、たぶんすぐ戻ると思います。

case1 在席している場合

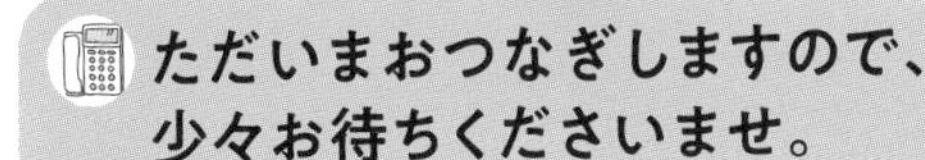

case2 社内にいるけれど席を外している場合

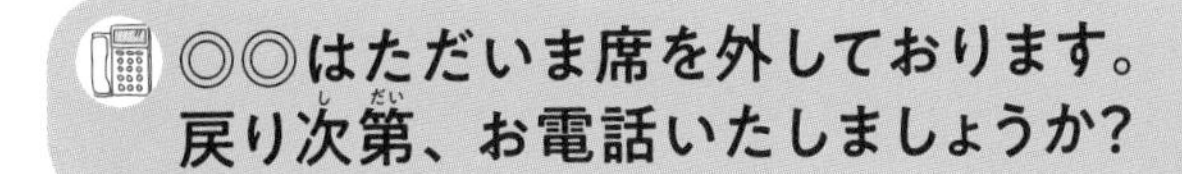

POINT 名指し人が、電話の相手よりも上の立場の場合、恐縮されることもあります。「いかがなさいますか」という言い回しを覚えておくとスマートです。

case3 別の電話応対中の場合

あいにく、ほかの電話に出ております。
電話が終わり次第、お電話いたしましょうか?

POINT 別の電話に出ている場合は正直に伝えても大丈夫です。ただし、名指し人が対応中の電話が長くなりそうな場合などは、「折り返しが遅くなるかもしれない」旨をひと言添えます。

case4 会議中の場合

◎◎はただいま席を外しておりまして、
×時頃には戻る予定になっております。
戻り次第、お電話いたしましょうか?

POINT 会議中でも「席を外している」と伝えます。「こちらのほうが重要だ」と相手を不快にさせかねないからです。会議の終了時刻がわかれば伝えます。

case5 来客対応中の場合

◎◎はただいま席を外しておりまして、×時頃には戻る予定になっております。戻り次第、お電話いたしましょうか？

POINT 接客中でも、「会議中」のときと同じく「席を外している」と伝えます。接客の終了時刻がわかっている場合は、それもあわせて伝えます。

case6 お手洗いに行っている場合 よくある

◎◎はただいま席を外しておりますが、まもなく戻る予定です。戻り次第、お電話いたしましょうか？

POINT 名指し人がお手洗いに行ったと思われるときは「席を外している」という定番フレーズを使います。わざわざ探しに行ったり、呼びに行ったりする必要はありません。

case7 昼食に出ている場合

◎◎はただいま席を外しておりまして、×時頃には戻る予定になっております。戻り次第、お電話いたしましょうか？

POINT 「社内にはいるけれど、今は席を外している」とていねいに伝えます。休憩中、食事中など、事情は細かく伝えすぎなくてOK。

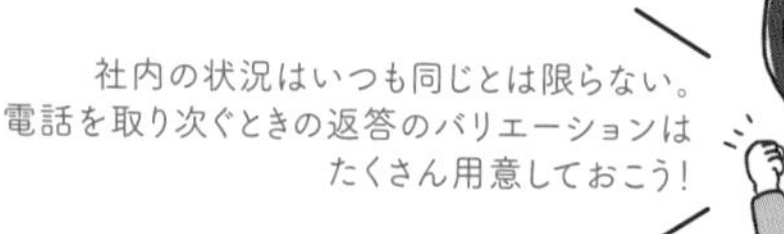

case8 居留守（いるす）をお願いされた場合

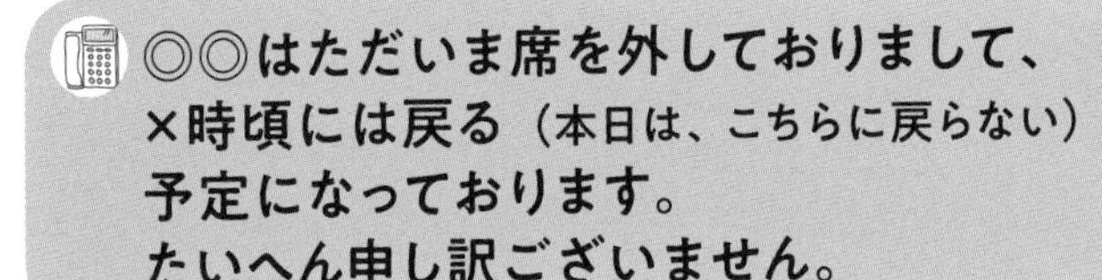

◎◎はただいま席を外しておりまして、
×時頃には戻る（本日は、こちらに戻らない）
予定になっております。
たいへん申し訳ございません。

case9 同じ名字の人が複数人いる場合

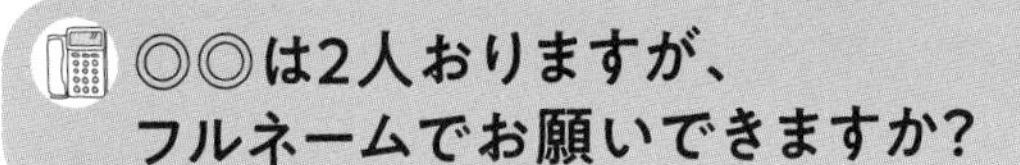

◎◎は2人おりますが、
フルネームでお願いできますか？

POINT 用件を聞いて、社内で確認をしてからつなぎます。同姓が男女のときは「男性の◎◎でしょうか？」と聞いても大丈夫です。

case10 状況がわからない場合

◎◎はただいま席を外しておりまして、
帰社時間がわかりかねます。
お差し支（つか）えなければ◎◎に連絡をとり、
折り返しお電話するよう申し伝えますが、
いかがいたしましょうか？

POINT 周囲の人に聞いて、確実な情報を伝えます。状況がどうしてもわからないときは、上司に確認を。「恐らく」、「たぶん」など、あいまいな言葉づかいはNGです。

mini column **内線電話で取り次ぐ場合の注意ポイント**

「おつなぎしますので、少々お待ちくださいませ」と伝えたら、保留ボタンを押し、名指し人の内線番号をダイヤルします。内線番号の一覧を見やすい場所に貼っておきます。

基本編

04 電話を取り次ぐ 名指し人が不在の場合

名指し人が不在の場合にも、さまざまな理由があります。家庭の事情などプライベートな理由の場合もあるので、不在理由の伝え方には注意が必要です。社内に戻る日時を明確に伝えます。

名指し人が不在のときの3つのコツ

コツ① **プライベートな事情は伝えない！**

コツ② **「らしいです」などのあいまいな言葉を使わない！**

コツ③ **出社する日時を、周りに確認して伝える！**

社外の人には社員の体調や出張先などを伝えないようにします（退職や異動については話してもOK）。正確な戻り時間（出社日）を伝えることが大事です。

＼こんな言い方はNG✕／

急病で休んでいるのですが……。

case1 外出していて社内に戻ってくる場合

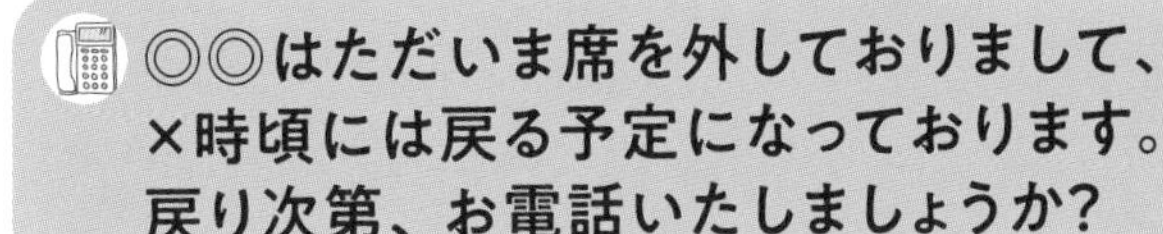

◎◎はただいま席を外しておりまして、
×時頃には戻る予定になっております。
戻り次第、お電話いたしましょうか?

POINT 外出中も「席を外している」と対応します。戻り時間を伝え、対応を提案します。「恐らく×時頃になりそうです」など、あいまいな言葉づかいはNG。

case2 外出していて直帰する場合

本日はこちらに
戻らない予定になっております。
明日、出社次第、お電話いたしましょうか?

case3 体調不良で欠勤している場合 よくある

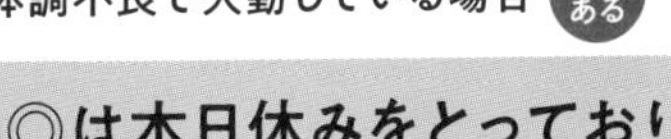

◎◎は本日休みをとっております。
×日には出社の予定ですので、
出社次第、お電話いたしましょうか?

POINT 休んでいる理由や体調などのプライベートな理由を社外に伝えることは控(ひか)えます。トラブルの原因になる可能性もあるからです。

case4 家庭の事情で欠勤している場合

◎◎は本日休みをとっております。
×日には出社の予定ですので、
出社次第、お電話いたしましょうか?

POINT 体調不良で欠勤している場合と同様です。家庭の事情など、プライベートにまつわることを、社外の人に伝えるのは避(さ)けます。

case5 在宅勤務の場合

◎◎は本日在宅勤務となっております。よろしければ◎◎から折り返しさせますがいかがいたしましょうか？

POINT 「在宅で仕事をしている」ということ以外は言わなくてOK。名指し人から折り返させるかどうかを提案し、相手の返答を待ちます。勝手に個人の携帯電話の番号を教えるのはNGです。

case6 出張中の場合 よくある

◎◎は×日まで出張で不在にしております。いかがいたしましょうか？

POINT 日帰り出張の場合は、「本日は出張で、終日不在にしております」と伝えます。ただし、出張の目的や場所などを伝える必要はありません。

case7 すでに帰宅している場合

◎◎はすでに退社しております。明日朝にお電話させていただきますが、いかがいたしましょうか？

case8 遅刻してまだ会社にきていない場合 よくある

あいにく◎◎は外出しており、×時には戻る予定です。

POINT 「遅刻」ではなく「外出」と説明します。出社予定時間がわかれば、それを少し遅らせて伝えます（伝えた時間より遅くなると印象が悪くなるからです）。

case9 退職している場合

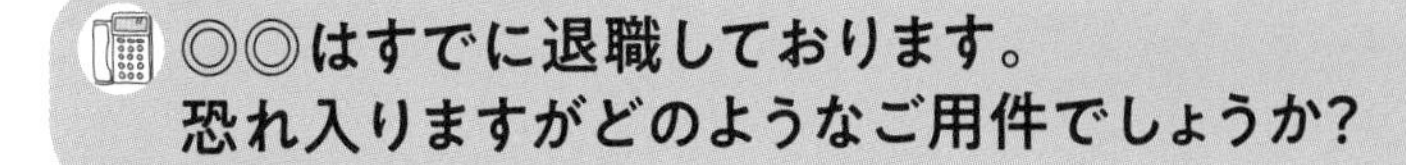

◎◎はすでに退職しております。恐れ入りますがどのようなご用件でしょうか?

POINT 退職者も呼び捨てでOKです。まず用件を相手から聞き、いったん保留にします。上司や先輩に相談してから、対応します。

case10 異動している場合

◎◎は部署を異動しております。恐れ入りますがどのようなご用件でしょうか?

POINT まずは異動したことを伝えます。次に用件を相手から聞き、保留にして、周囲に相談します。場合によっては上司や先輩に代わってもらいます。

case11 どこにいるのかわからない場合

◎◎は社内におりますが、あいにくお電話に出られません。戻り次第、お電話いたしましょうか?

POINT 「周囲に聞いても、本人の居所(いどころ)がわからない」という状況は多いもの。しかしトイレや喫煙所など、社内を短時間で探すのは不可能です。判断を早めに仰(あお)ぎましょう。

mini column 「少々お待ちください」保留のタイムリミットは?

保留で相手を待たせるのは30秒が限度。待つ側からすると意外と長く感じるものです。30秒近く待たせてしまったときは「たいへんお待たせしました」とお詫びします。30秒以上かかりそうな場合は、折り返しを提案します。

基本編

05 用件を聞く

名指し人が不在の場合、伝言を預かることがよくあります。聞き逃しがないよう、集中して話を聞き、しっかりメモをとります。聞き取れなかった場合はその場で聞き直すことも大切です。

用件を聞くときの3つのコツ

コツ① **自分の名前をまず名乗ってから!**

コツ② **頼まれなくても「用件を聞くこと」を提案する!**

コツ③ **相手が話し出したらメモをとる!**

名乗ったあとに相手の用件を聞き取り、記録します。ただし単刀直入(たんとうちょくにゅう)に用件を聞き出そうとするのではなく、ていねいに。利(き)き手でメモできるよう、受話器は逆の手で持ちます。

＼こんな言い方はNG✕／

どのようなご用件でしょうか?

case1 代わりに用件を聞く場合

**私（わたくし）、◎◎課の◎◎と申します。
差し支えなければ、
代わりにご用件を伺えますでしょうか？**

POINT 名乗るときは「わたし」ではなく「わたくし」と言います。そうすることで、ていねいな印象を与えられます。

case2 伝言を頼まれた場合 よくある

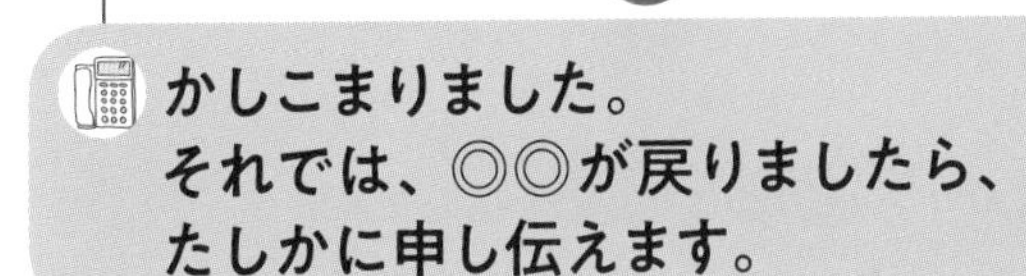

**かしこまりました。
それでは、◎◎が戻りましたら、
たしかに申し伝えます。**

POINT 「はい」ではなく、「かしこまりました」と返します。信頼感や安心感を与えることができます。

case3 携帯電話の番号を聞かれた場合

**◎◎には私から連絡をとりまして、
至急お電話するよう申し伝えます。**

POINT 個人の携帯電話の番号は基本的には伝えません。ただし、「取引先から直接かけてもらってよい」と名指し人から事前に頼まれている場合は、伝えてもOKです。

case4 相手が急いでいる場合

**お急ぎでしたら、私がご用件を伺い、
◎◎に確認いたします。
いかがいたしましょうか？**

POINT 急いでいるときは、こちらから対応策を提案できれば理想的です。

基本編

06 伝言&用件を復唱する

伝言や用件の内容は、ひと通り聞いたあとに復唱します。時間がなく急いでいるときでも、相手の言葉をきちんとくり返し、用件をていねいに確認することが大切です。

伝言&用件を復唱するときの3つのコツ

コツ1
数字やアルファベットは聞き間違えないように注意!

コツ2
復唱の際、相手の言葉は、むやみに言い換えない!

コツ3
復唱後、間違っていたらすぐに訂正する!

「お間違えないですか?」というフレーズには、相手に責任を押し付けるような印象を与えます。高圧的(こうあってき)に聞こえないように、ソフトな言い回しを心がけます。

\こんな言い方はNG✕/

「◎◎◎◎◎」で間違いないですか?

case1 伝言&用件を復唱する場合

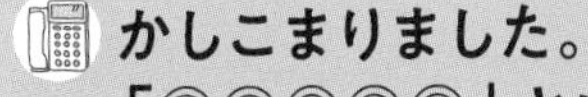

**かしこまりました。
「◎◎◎◎◎」ということですね。**

case2 折り返し連絡を頼まれた場合

**かしこまりました。◎◎が戻り次第、
すぐご連絡をするように申し伝えます。
恐れ入りますが△△様のご連絡先を
お教えいただけませんでしょうか。**

POINT 相手の電話番号は正確に記録します。また、メモした電話番号は「復唱いたします」と前置きをして、必ずくり返します。

case3 復唱内容を訂正された場合

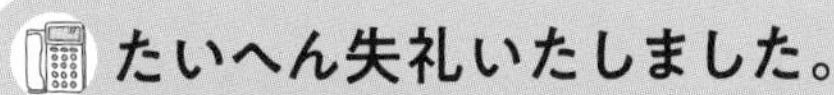

**たいへん失礼いたしました。
「□□□□□」ということですね。**

POINT まずお詫びをしてから、もう一度復唱して確認します。メモを見ながら復唱していたときは、メモの内容を修正することを忘れないように。

mini column **名指し人を忘れてしまった場合は?**

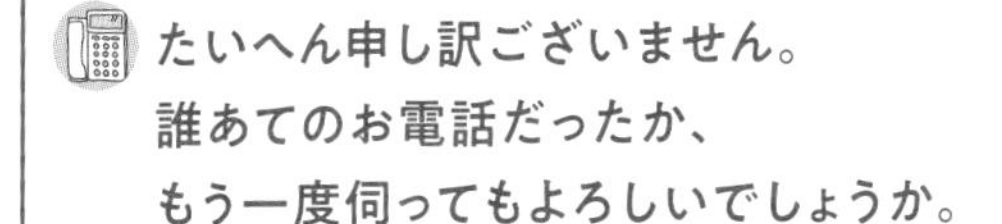

たいへん申し訳ございません。
誰あてのお電話だったか、
もう一度伺ってもよろしいでしょうか。

忘れてしまったときはまずお詫びをし、このようにたずねます。「ど忘れ」対策としてメモをとる習慣を身につけて。

基本編

07 電話の切り方

電話を切るときは、自分の名前を伝えてから「失礼いたします」とあいさつをします。相手が電話を切ったことを確認したら、静かに受話器を置いて電話を切ります。

電話を切るときの 3つのコツ

コツ① **聞かれる前に、自分の名前をもう一度名乗る！**

コツ② **最後は「失礼いたします」で締（し）めるのが基本！**

コツ③ **相手が電話を切ってから受話器を置く！**

伝言を聞く際に名乗っていても、最後にもう一度名乗ることで信頼感をアップすることができます。電話を切る際のあいさつは「お電話ありがとうございました」でもOKです。

＼こんな言い方はNG✕／

伝言、いただきました。失礼します。

case1 伝言を預かった場合 よくある

私、△△が承（うけたまわ）りました。
◎◎が戻り次第、そのように申し伝えます。
お電話ありがとうございました。

POINT 自分の名前を伝えることで、安心感を与えられます。相手から「あなたのお名前は？」と聞かれる前に、自分から名乗ります。

case2 折り返しの連絡を頼まれた場合

私、△△が承りました。
◎◎が戻り次第、
お電話を差し上げる旨、申し伝えます。
失礼いたします。

case3 内線電話の場合

△△です。
◎◎さんが戻りましたら、
連絡するようお伝えします。

POINT 内線電話の場合は社内の人とやりとりをするため、「◎◎さん」と「さん」付けで呼んでかまいません。

mini column 電話番号を控え忘れた場合は?

「着信履歴ボタン」を押すと相手の電話番号がディスプレーに表示されます。履歴をさかのぼってもわからない場合は、上司に正直に伝えます。

基本編

08 メモのとり方&残し方

正確にわかりやすく伝言を残すために、自分用のメモと、名指し人に渡すメモの２種類を作成します。自分用のメモには、数字や固有名詞など要点だけを簡潔に書き、渡す用のメモはていねいにわかりやすく書きます。

メモをとる&残すときの2つのコツ

コツ1
6W3Hを心がける!

コツ2
用件のみを書く!

6W3Hで用件を確実に伝える

- When=いつ
- Where=どこで
- Who=誰が
- Whom=誰に
- What=何を
- How to=どのように
- How much=いくら
- Why=なぜ
- How many=どのくらい

相手の話をメモするときは「6W3H」を意識すると、会話の内容を頭の中で整理することができます。また、用件も相手に間違いなく伝わります。

メモのとり方

8/14　16:00
◎◎社　◎◎さん
岡田さんあて
打ち合わせ時間
13:00→13:30に変更希望
18:00までに要折り返し
090-△△△△-○○○○

要点を的確に記録する

相手の話を聞きながら、すばやく正確に「自分用メモ」として記録します。「名指し人に渡すメモ」のための下書きです。具体的な名前や数字は特に間違えないように注意。

メモの残し方

❶岡田 様
❷8/14(月) ❸16:00受電
❹◎◎社の◎◎様から
電話がありました。
❺16日の打ち合わせの時間を
13:00から13:30に
変更希望。
❻本日の18:00までに
折り返しの電話を
お願いします。
❼090-△△△△-○○○○
❽鈴木

➡P.190「コピーして使える伝言メモテンプレート」を活用しよう！

抜けや間違いがないように書く

伝言を預かるとき、少なくとも8つのポイントを押さえます。書いたメモは、デスクのわかりやすい位置に置き、相手にも「メモを残した」と伝えると間違いがありません。

❶名指し人の名前
❷日付
❸時間
❹相手の会社名、名前
❺用件（伝言内容）
❻折り返しの要不要
❼相手の電話番号
❽メモの作成者
（電話を受けた人の名前）

応用編

01 自分あての電話を受けた場合

自分あての電話を直接受けた場合でも最初は必ず名乗ります。急いで本題に入らなくてOK。いったん名字を伝えたら、落ち着いて本題に入ります。「声だけで自分だとわかってもらえるだろう」という考えはNGです。

自分あての電話を受けたときの3つのコツ

コツ①
声でわかる場合でも、マナーとして名乗る!

コツ②
名乗ったあとは「お世話になっています」とあいさつ!

コツ③
本題に入ることを急ぎすぎない!

「本題に早く入ってほしい」と思うあまり、名乗ることやあいさつすることを省略したくなるかもしれません。ですが、電話の定番の流れは守るのが社会人のルールです。

＼こんな言い方はNG✕／

どうもどうも、僕です。
あの件についてのお問合せですか?

❶ 電話に出る

はい、◎◎でございます。

B社の△△ですが、
○○様はいらっしゃいますか?

❷ 相手の名前を復唱してあいさつをする

B社の△△様でいらっしゃいますね。
いつもお世話になっております。
私が○○でございます。

❸ 用件を復唱する

メールを誤(あやま)って削除してしまいました。
◎◎の資料をもう一度いただけませんか?

かしこまりました。
昨日お送りした◎◎の資料を、
このあとすぐにメールで再送いたします。

❹ あいさつをして電話を切る

お電話をいただきありがとうございます。
失礼いたします。

POINT 何かを依頼された場合は、いつまでに依頼を完了できるのかを伝えると、より親切です。

応用編

02 営業電話を受けた場合

営業電話を断る場合は強い意思をもってやわらかい口調で断ります。あいまいな言葉づかいをすると相手に期待させてしまうからです。会社に関係ない話だからと失礼な態度をとるのはNGです。

営業電話を受けたときの3つのコツ

コツ①
断るときも、やわらかい言葉で対応する！

コツ②
失礼な対応をしない！

コツ③
相手を不愉快（ふゆかい）にさせない！

「必要ない」という意思を伝えることは大事ですが、ていねいな言い回しを使うことも求められます。「あいにくですが」、「申し訳ございませんが」などと付け足しましょう。

＼こんな言い方はNG✕／

うちは、けっこうです。

case1 取り次がない場合 よくある

必要な際は、こちらからご連絡いたします。

POINT 「申し訳ございませんが、すべてお断りしています」、「あいにくではございますが、私どもではけっこうです」といった言い回しをしてもOK。

case2 誰かに取り次ぐ場合

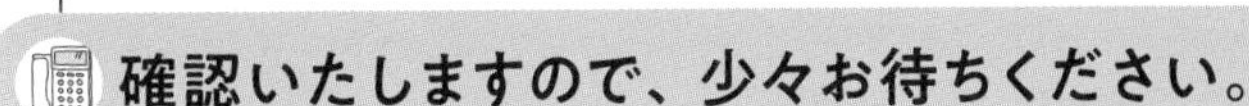

確認いたしますので、少々お待ちください。

POINT 営業されている案件に、「関係が深い」と思われる部署がある場合は取り次ぎましょう。そして「次からどうすればよいか」、あとで指示をもらいます。

case3 営業なのか判断がつかない場合

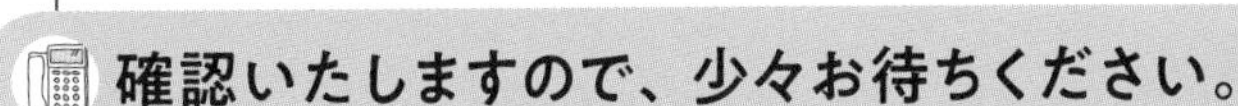

確認いたしますので、少々お待ちください。

POINT 断るように言われていないものは、上司に判断を仰ぎます。その結果、断るときは「あいにくですが、私どもではけっこうです」と伝えます。

case4 何度も同じ電話がくる場合

**以前もお断りしたはずです。
これ以上は、
しかるべき対応をとらせていただきます。**

POINT 同じ業者からの営業電話だと思われる場合、発信元の企業名や電話番号などを社内で共有します。誰が電話対応をしても、ていねいな口調で、きっぱりと断ることが重要です。

応用編

03 問い合わせ電話を受けた場合

受けた電話が、他部署への問い合わせやクレームだったときは、担当者につなぐか折り返し電話をします。どうすればよいかわからないときは、自分の判断で答えないようにするのが正解です。

問い合わせ電話を受けたときの3つのコツ

コツ①
自分の判断で答えようとしない！

コツ②
担当者に一刻も早く取り次ぐ！

コツ③
担当者がわからなければ折り返す！

会社には、問い合わせの電話も多くかかってきます。担当者に的確につなぎましょう。クレームが混じっていることもあるのでていねいに対応します。

＼こんな言い方はNG✕／

それは私の担当ではないので、ちょっとわかりません。

case1 用件を聞く よくある

お問い合わせいただいた内容ですが、
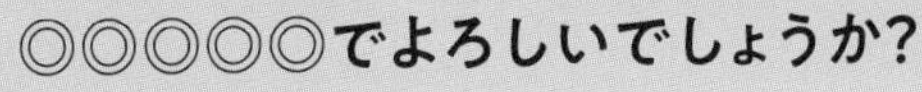
◎◎◎◎◎でよろしいでしょうか?

POINT 用件を整理して復唱します。訂正されたらもう一度復唱を。そのあと、担当者に取り次ぎます。担当者がわからない場合は折り返し電話にして、上司に相談します。

case2 判断がつかない場合

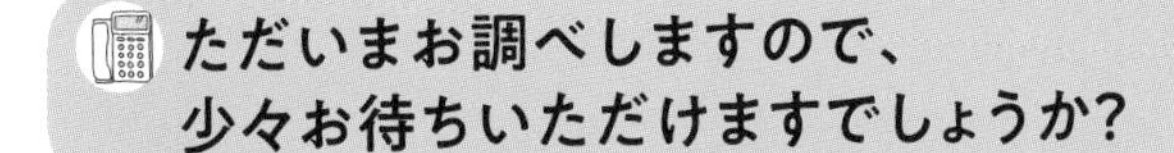

ただいまお調べしますので、
少々お待ちいただけますでしょうか?

POINT 判断がつかないときはいったん保留にして、担当者に取り次ぎます。担当者がわからない場合は、折り返し電話にして、上司に相談します。

case3 クレームだった場合

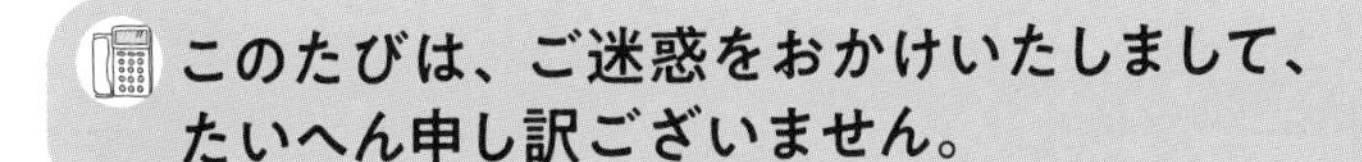

このたびは、ご迷惑をおかけいたしまして、
たいへん申し訳ございません。

POINT 迷惑をかけたことに対してお詫びをしたあと、クレーム対応に切り替えます。お詫びのフレーズを伝え、話を聞き、状況・詳細を確認したら解決策を提案します(P.134～140参照)。どうにもならないときは折り返し電話にして、すぐに上司に相談を。

case4 電話では対応が難しい場合

その件は、お電話でお答えしかねます。
お手数ですが、
弊社までおいでいただけませんでしょうか?

応用編

04 どうすればいい？ 電話中によくあるトラブル

電話を受けていると、原因不明のトラブルに見舞われることも珍しくありません。ていねいな姿勢を忘れず、落ち着いて冷静に対処します。トラブルは焦ってしまうものですが、経験を積むチャンスでもあります。

case1 電話が途中で切れた場合

**誠に申し訳ありません。
私の不手際で
電話が切れてしまいました。**

POINT 突然電話が切れてしまったら「かけたほうからかけ直す」のが原則。ただし自分の誤操作などで電話が切れたとわかっている場合は、すぐにかけ直します。そして上記のようにお詫びします。

case2 間違い電話がかかってきた場合

**こちらは株式会社××です。
電話番号は◎◎◎◎です。
お間違えございませんか？**

POINT このように伝えて「すみません、間違えました」と言われたら「はい、失礼いたします」と返して電話を切ります（P.166参照）。「何番におかけですか」とたずねる必要はありません。

case3 別部署あての電話がかかってきた場合

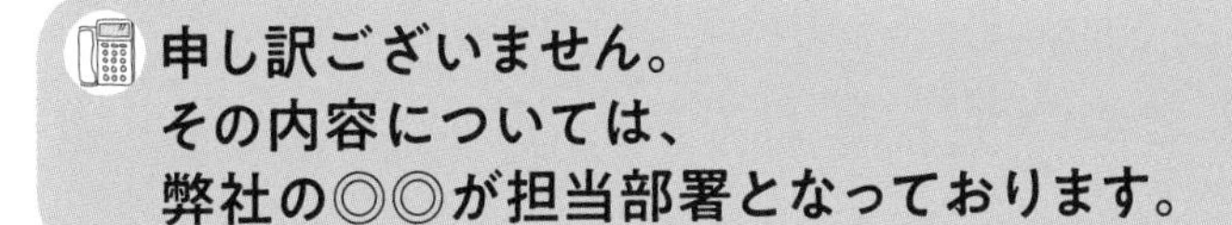

申し訳ございません。
その内容については、
弊社の◎◎が担当部署となっております。

POINT 担当の部署名を正式名称で伝えます。わからないときは保留にし、周囲に確認してから伝えます。それから担当部署に転送するか、その部署の電話番号を伝えたうえで、かけ直しをお願いします。

case4 自分では判断できない電話がかかってきた場合

申し訳ございません。
担当の者に確認のうえ、
折り返しご連絡いたします。

case5 相手の声が聞き取れない場合 よくある

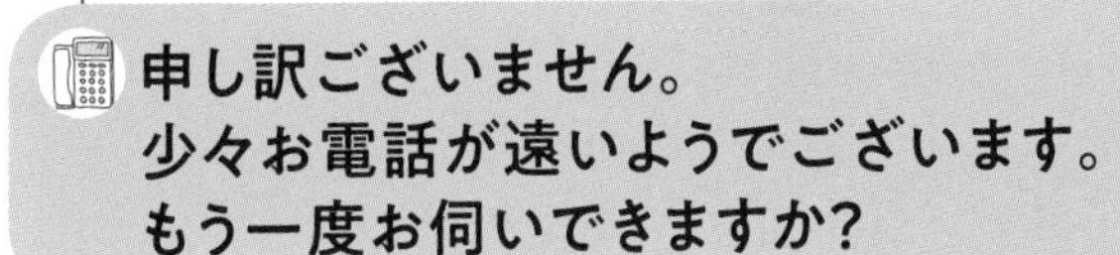

申し訳ございません。
少々お電話が遠いようでございます。
もう一度お伺いできますか?

POINT 相手のせいにしないように。電話機の故障や電波の状況などが原因かもしれません。相手を気遣う電話の常套句(じょうとうく)を覚えておくと役立ちます。

case6 メモが追いつかない場合

申し訳ございません。
もう一度、◎◎について、
教えていただけないでしょうか?

POINT 記録できなかったところは素直に聞き直すのが正解です。

COLUMN

電話の内容を忘れてしまったときは?

相手があまりに早口でメモが追いつかなかったり、伝えられた内容が複雑だったりすると電話の内容を忘れてしまうこともあります。緊張していればなおさらです。誰もが一度は経験する出来事。その対応法をお伝えします。

まずは正直に報告する

メモがとれなかったり、覚えていたつもりのことを忘れたりした場合。名指し人に報告し、お詫びします。「申し訳ありません。◎◎◎を確認することを忘れてしまいました。今後、このようなことがないように注意いたします」と、正直に話します。また「折り返しの電話がほしい」と言われていないのに、自分の想像で「折り返しが必要」などと用件メモに書くのもNGです。

再発を防ぐための対策を

「ど忘れ」防止には、基本的なことですがメモをきちんととることです。電話の近くに、書きやすいペンとメモがあるか確認して、常備しておきましょう。

3章

電話のかけ方

電話を受けるよりも緊張するのが電話をかけるとき。第一声から電話を切るまでの対応法を、流れに沿って解説します。

これだけあれば失敗しない! 前準備をしよう

「すぐに終わりそうな用件」でも、通話中にいろいろなものが必要になることがあります。どんな電話でも、こちらからかけるときは準備が重要。前準備をしておけば、落ち着いて電話をかけることができます。

前準備は4つだけ

準備①

相手の名前を確認する

相手の部署や名前を間違えないように、名刺を手元に置いてから電話をかけます。また、相手側の会社に、同姓同名(どうせいどうめい)の社員がいるケースもあります。フルネームの確認は事前に必ずします。

準備②

内容をまとめておく

話の内容は、事前に整理しておきます。具体的な名前や数値は、間違えないように注意する必要があります。話の大筋の流れもあらかじめ決めておくとスムーズです。実際は、話が前後することもあるので、伝え終わった事柄(ことがら)はチェックしていきます。

準備③

必要な資料をそろえる

「電話の用件に関係がある」と思われる資料や、話をするときに必要な資料はデスクの上に用意しておきます。突然何かを聞かれたときに落ち着いて対応できます。また、相手の会社の公式ホームページをパソコンの画面に立ち上げておくと、役立つことがあります。

準備④

時間に配慮する

電話は原則として就業時間内にかけます。始業時間後すぐや、終業時間間際、お昼どきも避けたいもの。相手がバタバタしていそうな時間帯や、就業時間外に緊急の用件でかける場合は「お昼どきに恐れ入ります」など、気遣いのフレーズを足します。

スケジュール帳を開いておこう

備えは万全に

電話で約束をして、あとからスケジュール帳を見たときに、「先約が入っていた！」とならないために、手帳にせよ、オンラインのスケジュール表にせよ、スケジュールは目の届くところに開いておくと便利です。

前準備があるとないでは、
電話応対時のスムーズさがケタ違い！
電話応対への不安を
大きくする要素は
あらかじめ取り除こう！

電話をかけるときの基本の流れ

会社に電話をかける場合、話したい相手に直接つながるわけではありません。取り次いでもらうときに、時間や手間がかかることもあります。相手に負担をかけず、スムーズに取り次いでもらえるようにしましょう。

電話をかけるときのポイント

ポイント①

自分の所属や立場を明らかにする

電話をかけるときは、「自分の会社名と名前」を必ず伝えます。これらを伝え忘れると、相手を困らせてしまいます。明るくハッキリとした声で名乗るだけで、あなたの印象はとてもよくなります。

ポイント②

名指し人が不在の場合、どうしてほしいのかを伝える

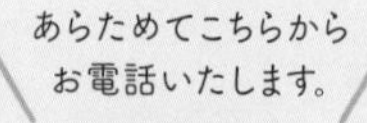

名指し人に取り次いでもらったら用件を伝えます。名指し人が不在の場合は、対応策を考え、電話に出てくれた人にお願いします。対応してもらったあとはお礼を伝えます。

電話をかけるときの基本の流れ

1 電話をかける

番号を間違えないようにかけます。10コール以上は鳴らさないように。

➡P.70へ

2 あいさつをして名乗る

「お世話になっております」という定番フレーズのあと、会社名と名前を伝えます。

➡P.72へ

3 取り次いでもらう

話したい人の名前を伝えたら取り次いでもらいます。もしくは担当者をお願いします。

➡P.74へ

4 名指し人が不在だったら

「かけ直す」と伝えるか、名指し人への伝言や折り返しをていねいにお願いします。

➡P.76へ

5 名指し人に取り次いでもらったら

あらためてあいさつをして名乗ります。相手と初対面の場合は紹介者の名前も伝えます。

➡P.80へ

6 用件を伝えたら確認する

いったん伝えた事柄を復唱します。勘違いがあった場合は修正してメモします。

➡P.82へ

7 電話を切る

電話の時間をとってもらったことに対してお礼の気持ちを伝えたら、ていねいに電話を切ります。

➡P.84へ

基本編

01 電話をかける

電話をかけるときは番号を間違えないように気をつけて、10コール以上は鳴らさないようにします。緊張しやすい人は、深呼吸をして落ち着いてから電話をかけてもOKです。

電話をかけるときの2つのコツ

コツ1

10コール以上は鳴らさない！

コツ2

間違い電話だとわかったら、謝ってから切る！

間違い電話の場合、「申し訳ございません」とお詫びします。「すみません」、「ごめんなさい」は使いません。最後は「失礼いたします」で締めましょう。一方、10回までのコールで誰も出なかった場合はそのまま静かに切ってかまいません。

＼こんな言い方はNG✕／

あっ、電話番号を間違えました。ごめんなさい。

つながらなかったときの対処法

番号を間違ってしまった場合

間違いだとわかったら、まずはお詫びします。同じミスをくり返さないために、「そちらは××－×××× －××ではございませんか？」と確認させてもらいます。

コールしても出ない場合

呼び出し音を10コール以上鳴らしても誰も出ないときは、いったん切ってしまってOK。ほかの電話に対応中かもしれないので、鳴らしすぎは禁物です。

時間外だった場合

業務時間外にかかってきた電話には、録音されたアナウンス音声が流れることがあります（リモートワークを実施中の会社も含む）。そういった場合は、メールを送るか、あらためてかけ直します。

mini column 留守番電話につながった場合は?

恐れ入りますが、
折り返しの電話をいただけますでしょうか?

まず名乗ってから用件を伝え、これからどうするのか（どうしてほしいのか）を伝えます。「またあらためてご連絡させていただきます」と言ってもOKです。機種によっては、伝言を話したあとに「#」ボタンや数字を押さなければ記録が残らない機種もあるので気をつけて。

基本編

02 あいさつをして名乗る

電話に相手が出て会社名を言われたら、自分の会社名と名前を伝えます。電話がつながった瞬間に、相手の言葉を待たずにいきなり話し出さないように気をつけます。

あいさつをして名乗るときの3つのコツ

コツ①
最初のあいさつは、定番のフレーズを使う！

コツ②
朝のあいさつは「おはようございます」でもよい！

コツ③
会社名と名前をセットで名乗る！

「すみません」は、電話でのあいさつとしてふさわしくありません。また、名乗るときは会社名と名前をセットにすることが原則です。聞かれる前に自分から伝えます。

＼こんな言い方はNG✕／

すみません、◎◎株式会社の◎◎です。

case1 はじめて電話をかける場合

はじめてお電話いたします。
◎◎社の◎◎と申します。

POINT 「はじめての電話である」旨は、最初に伝えます。「いったい誰だろう？」、「面識のある人だろうか？」などと相手を迷わせずに済むからです。

case2 取引先の人に電話をかける場合 

いつもお世話になっております。
◎◎社の◎◎です。

POINT 午前11時までにかける電話の場合、「おはようございます」というあいさつからはじめてもOK。

case3 3コール以上鳴ってから相手が出た場合

お忙しいところ恐れ入ります。
◎◎社の◎◎と申します。

POINT 「電話口では落ち着いた声で対応していても、実際は忙しい」という状況はよくあります。ひと言添えるだけで、相手に好印象を与えることができます。

mini column 内線電話をかける場合は?

お疲れ様です。◎◎部の山田です。

社内電話では、会社名は不要です。「お疲れ様です」とあいさつをしてから、所属部署と名前を伝えます。「ご苦労様です」は目上の人が目下の人に使うフレーズなので注意。

基本編

03 取り次いでもらう

電話に出た人に対して自分の名前を名乗ったら、自分が話したい人の名前を言って取り次いでもらいます。ていねいな言い方で、ゆっくり、わかりやすく伝えます。

電話を取り次いでもらうときの3つのコツ

コツ①
取り次ぎを頼む相手の名前には「様」を付ける！

コツ②
同じ名字の人がいる場合は、フルネームで伝える！

コツ③
電話を取り次いでくれる人にも敬語で話す！

取り次ぎをお願いするときに「◎◎さん」と言うのはタブー。「◎◎課の◎◎課長」という言い方はＯＫです。また、「いますか」ではなく、「いらっしゃいますか」が正解です。

＼こんな言い方はNG✕／

◎◎さんはいますか？

case1 部署への直通電話の場合 

 **◎◎様はいらっしゃいますか?**

POINT 「いらっしゃいますでしょうか？」というフレーズを使うとよりていねいになります。部署名は必要ありません。「おられますか？」は謙譲語なので誤りです。

case2 代表番号へかけた場合

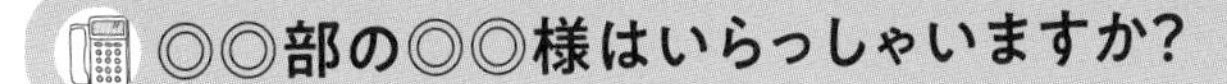

case3 同じ名字の人がいる場合

POINT 同姓の人が同じ部署にいるときは、フルネームで名前を伝えます。もしくは「課長の◎◎様はいらっしゃいますか」などと役職名を付けるとスムーズです。

case4 担当者がわからない場合

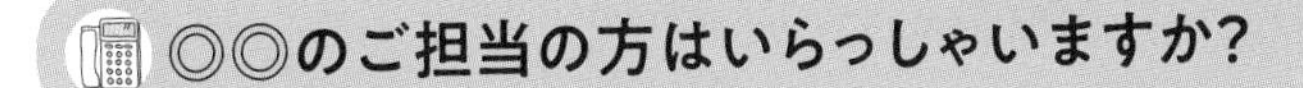

POINT 誰に取り次いでもらえばよいのかわからないときのフレーズです。「◎◎の件についてお聞きしたいのですが」と付け加えると、よりていねいになります。

case5 自分あてに着信があったけれど、誰からかわからない場合

私、◎◎あてにお電話をくださった方はいらっしゃいますでしょうか?

POINT 自分の名前を伝えたうえで、ていねいにお願いします。

基本編

04 取り次いでもらう名指し人が不在の場合

取り次いでもらおうとしたら名指し人が不在だった場合、「至急連絡をとりたい」、「伝言を残したい」、「折り返しの電話がほしい」など、希望の対応を相手に明確に伝えます。

名指し人が不在のときの3つのコツ

コツ①
伝言も折り返しも、お願いするときはていねいに！

コツ②
「用件のある側が電話する」のが原則！

コツ③
緊急のときは、ほかの連絡手段を聞いてもOK！

用件の緊急のレベルによって、使うフレーズが異（こと）なります。どの場合も、お願いごとをするときは電話の相手に負担をかけることになるので、ていねいにお願いします。

＼こんな言い方はNG✕／

ええっ？　なんとかしてもらえませんか？

case1 かけ直す場合

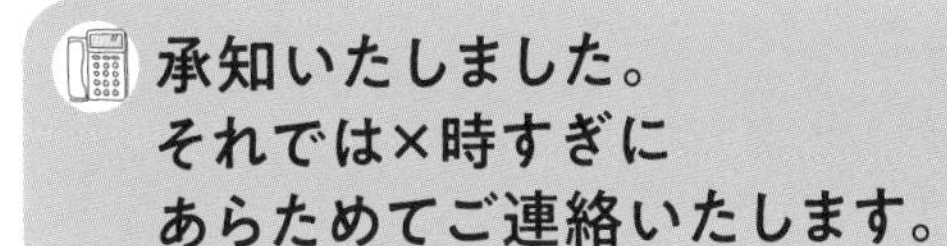

**承知いたしました。
それでは×時すぎに
あらためてご連絡いたします。**

case2 メールを送信したことを伝える電話だった場合

**メールをご確認くださるよう、
お伝えいただけますでしょうか。**

case3 伝言をお願いする場合 

**それではお手数ですが、
伝言をお願いしてもよろしいでしょうか。
×××××××という旨をお伝えください。**

POINT 相手に負担をかけないためにも、伝言の内容は3項目までにしぼります。また「×日中にお返事がほしいとお伝えいただきたいのですが」と返事の期限も伝えます。

case4 折り返しの電話を依頼する場合 

**恐縮（きょうしゅく）ですが、
お戻り次第（しだい）ご連絡を
いただけませんでしょうか。**

POINT 電話は、原則的に用件のある側がかけるものです。自分のために、相手に「電話をしてほしい」と頼むことになるため、ていねいに伝えます。

case5 折り返しの電話を提案された場合

恐れ入ります。
それではお願いできますでしょうか。

POINT 「お手数をおかけいたしますが、よろしくお願いいたします」と答えると、よりていねいです。

case6 折り返しの電話を提案されたが不要な場合

それにはおよびません。
こちらからあらためてご連絡いたします。

POINT 「それにはおよびません」とは、「その必要はありません」という意味のていねいな言い回しです。

case7 一度不在で再度電話をかけた場合

先ほどお電話を
させていただきました◎◎です。
何度も申し訳ございません。
恐れ入りますが、
××様はお戻りになりましたでしょうか?

case8 急ぎの用件がある（名指し人につないでほしい）場合 

恐れ入りますが、
至急◎◎様と連絡をとりたいのですが、
お願いできますでしょうか。

POINT どんなに急いでいても、やわらかい口調でていねいに頼みます。

case9 急ぎの用件がある（誰かにつないでもらいたい）場合

恐れ入りますが、
至急確認させていただきたいことが
ございますので、
◎◎の件でおわかりになる方は
いらっしゃいませんでしょうか。

POINT 緊急な用事のときは、指名人以外で状況をわかっている人に取り次ぎをお願いします。ただし基本的には、相手が不在の場合はかけ直すのがマナーです。

case10 携帯電話につながらなかった場合

◎◎様より伺（うかが）っている携帯電話の番号に
連絡をしたのですが、
つながりません。
たいへん申し訳ございませんが、
ほかに連絡がとれる方法は
ございますでしょうか？

POINT すでに試した連絡手段を相手に伝えることで、連絡がとれることがあります。

mini column 折り返しの電話がかかってこない場合は？

◎◎様はお戻りでしょうか？

もう一度電話をして「◎◎様はお戻りでしょうか？」とたずねます。「お戻り」というフレーズで、一度電話をした事実は伝わります。「折り返しをお願いしたのですが」と伝えると、相手を責めているように聞こえてしまいます。

基本編

05 名指し人に取り次いでもらったら

名指し人に取り次いでもらったら、あらためてあいさつをして名乗ります。誰から電話がかかってきたのか、相手もしっかりと認識できるため落ち着いて用件を聞くことができます。

名指し人に取り次いでもらったときの3つのコツ

コツ1
明るくハキハキした声で、印象をアップ！

コツ2
あいさつのあと、必ず名乗ってから用件に入る！

コツ3
よく知る相手でも、必ず名乗る！

取り次ぎのときに、誰から電話がかかってきているのかは伝わっているはずですが、自分からもう一度名乗ると親切です。はじめて電話をする相手ならなおさら名乗るようにします。

＼こんな言い方はNG✕／

お世話になっております。
◎◎の件ですが……。

case1 はじめて話す相手の場合

**はじめまして。
突然のお電話で失礼いたします。
私、◎◎社の◎◎と申します。**

POINT 明るく元気な声で話すと第一印象がアップします。誰かに紹介してもらって電話した場合、「△△からの紹介でお電話させていただきました」と続けます。

case2 いつもお世話になっている人の場合

**いつもお世話になっております。
◎◎社の◎◎です。
今、お時間よろしいでしょうか?**

POINT よく知っている人であっても、まずは相手の都合をたずねます。もしかするととても忙しいかもしれません。そのため取り次いでもらってすぐに本題に入るのはNGです。

mini column 相手がとても忙しそうにしている場合は?

のちほどかけ直しましょうか?

忙しくない時間帯に電話をしたつもりでも、あわただしさが伝わってくることがあります。そんな場合は「のちほどかけ直しましょうか？」とたずね、相手の要望に沿うようにします。誰でも、「今忙しいので……」とは言いづらいものです。相手に気を遣わせる前に、こちらから提案できるとバッチリです。

基本編

06 用件を伝えたら確認する

電話でいったん伝えたことや、次の予定については必ず確認をします。お互いの理解が一致していない場合もあるからです。「一度言ったことだから伝わっているだろう」と思いがちですが、思い違いは案外あります。

用件を確認するときの3つのコツ

コツ① **具体的な点についてはメールでも確認する!**

コツ② **次の予定は電話の最後に確認する!**

コツ③ **確認を面倒がって早く切ろうとしない!**

電話では、やり取りが記録に残りません。トラブルを防ぐためにもメールを送って記録を残します。近々(ちかぢか)会う相手には、日時を口頭(こうとう)で確認できれば理想的です。

\こんな言い方はNG✕/

じゃあ、これで失礼します。

case1 用件をメールでも送ることを伝える場合 

**この件については
メールもお送りしますので、
ご確認のほど、
よろしくお願いいたします。**

POINT 日時や場所、数量など具体的な事柄については、一度伝えたあとも復唱するなど、お互いの確認が必要です。電話を切ったあとに、電話で話した内容をメールで送っておくとミスを防げます。

case2 電話のあとに打ち合わせなどで面会する場合

**では、×日×時に伺いますので、
よろしくお願いいたします。**

POINT 電話の相手と次に会う約束がある場合は、念のため「×日×時」と日時を確認するフレーズをはさみましょう。

case3 先方に手間をかけた場合

**この件については
たいへんお手数をおかけいたしました。
ご尽力に感謝しております。**

mini column 用件は6W3Hで伝えよう

相手の話を記録するときは、「6W3H」（P.54参照）で記録します。その延長で、相手に用件を確認するときも「6W3H」で伝えるようにします。自分の頭の中も整理できるうえに、相手にも正確に伝えられます。

基本編

07 電話の切り方

電話を切るときは「お時間をいただきありがとうございました」とお礼を伝えます。相手に時間を割(さ)いてもらっているからです。気持ちよくお礼が言えたら、同じ相手にまた電話をかけるときの緊張もやわらぎます。

電話を切るときの3つのコツ

コツ①
用件が終わっても、気を抜かない!

コツ②
必ずお礼を伝える!

コツ③
基本は「失礼いたします」で締(し)める!

電話の本題で盛り上がったり話が長くなったりしたときは気がゆるんでしまいがち。ですが、電話を切るときはしっかりあいさつをして、ていねいに会話を終えます。

＼こんな言い方はNG✕／

じゃあ、これで。

case1 基本の切り方

**本日は、
ありがとうございました。
失礼いたします。**

POINT 電話は相手の時間を「もらう」ものです。時間をとってもらった感謝の気持ちを伝えます。

case2 電話が長くなってしまった場合

**本日はお忙しいところ、
お時間をいただきまして、
誠にありがとうございました。
失礼いたします。**

case3 相手が忙しいときに電話をかけてしまった場合

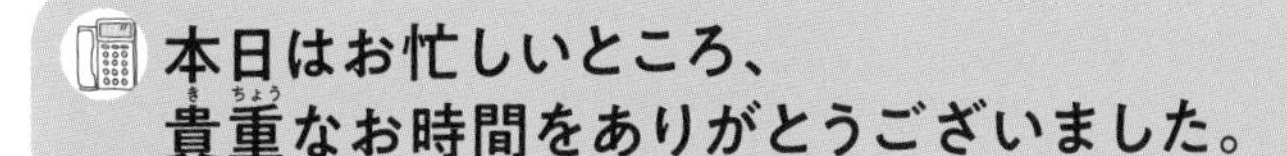

**本日はお忙しいところ、
貴重（きちょう）なお時間をありがとうございました。**

POINT 電話をかける時間帯や状況を考慮（こうりょ）していても、相手が忙しいときに電話をしてしまったときは、最後にひと言お礼を伝えられるとスマートです。

mini column 電話を切るときは手を使おう

相手が先に電話を切ってから、こちらも切ります。電話が切れるときに「ガチャッ」と大きな音が出ないよう、受話器を置くフックを手で押して電話を切り、静かに受話器を置くのがベストです。

応用編

01 不在中にかかってきた電話に折り返す

席を外していて電話に出られないことはよくあります。折り返しの電話をしたときは、最初にひと言お詫びを伝えます。不在にしていた理由は伝える必要はありません。

不在中の電話に折り返すときの3つのコツ

コツ①
名乗ったあとに、すぐにお詫びする！

コツ②
お詫びするときは、敬語を使う！

コツ③
なるべく早めに折り返す！

「すみません」ではなく「申し訳ございません」という敬語を使います。また「電話に出られなくて」ではなく「席を外しており」という言い方のほうがスマートです。

＼こんな言い方はNG✕／

さっきは電話に出れなくて、どうもすみません。

case1 電話があっただけの場合

先ほどは席を外しており、
申し訳ございませんでした。

POINT 「席を外しており」とスマートにお詫びを伝えます。

case2 伝言があった場合

先ほどは席を外しており、
申し訳ございませんでした。
◎◎の件、たしかに承（うけたまわ）りました。

POINT 可能であれば、伝言にあった要望に対応してから折り返します。「きちんと伝わっていた」という安心感を与えられます。

case3 折り返しの電話をお願いされた場合

先ほどは席を外しており、
申し訳ございませんでした。
どのようなご用件でしょうか。

POINT 折り返しが遅くなったときは「ご連絡が遅くなり、申し訳ございません」と伝えます。

case4 折り返しの電話が不要だった場合

先ほどはお電話をいただきまして、
失礼いたしました。

POINT 相手が「また電話します」と言っていたとしても、こちらから折り返します。もし相手の用件を想像できるなら、必要な情報を用意して連絡します。

応用編

02 問い合わせの電話をかける

電話を受けた側は、前情報がない状態で問い合わせを受けることになります。問い合わせる内容は、相手にスムーズに伝わるように、ていねいにわかりやすく伝えます。

問い合わせの電話をかけるときの3つのコツ

コツ①
何について聞きたいのかを具体的に伝える!

コツ②
「頼む」のではなく判断を委(ゆだ)ねる言い方で伝える!

コツ③
「今すぐ教えてほしい」と言わない!

上から目線は禁物です。どんなに困っていても、「今すぐ」、「教えて」とストレートに頼むのは控(ひか)えます。内容をわかりやすく伝えられたら、答えもスムーズに返ってきます。

＼こんな言い方はNG✕／

わからなくて困ってるんで、
今すぐ教えてください。

case1 基本の問い合わせ方 

**お忙しいなか恐れ入ります。
◎◎について確認したいことがございます。
今、よろしいでしょうか?**

POINT 確認したいことを、結論からていねいに伝えます。責めるような口調は厳禁です。

case2 担当者がわからない場合

**恐れ入りますが、
◎◎について教えてほしいことがございます。
ご担当の方はいらっしゃいますでしょうか?**

case3 名指し人が不在の場合

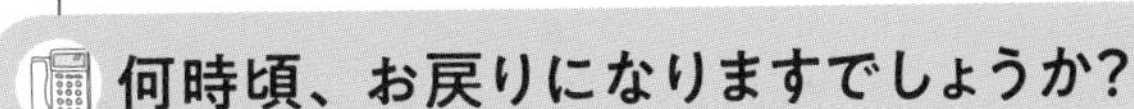

何時頃、お戻りになりますでしょうか?

POINT 相手が不在のときは、基本的にこちらからかけ直します。ただし急ぎの場合は、伝言や折り返しをお願いしてもOK（P.77参照）。

mini column 問い合わせの電話を切る場合は?

ご確認をありがとうございました。
お手数をおかけいたしました。
失礼いたします。

質問の答えをもらったら、復唱して内容が合っているか確認します。その後お礼を伝え、電話を切ります。

応用編

03 お礼の電話をかける

感謝の気持ちを伝えるときは、なれなれしすぎても、よそよそしすぎてもいけません。礼儀（れいぎ）正しい言葉づかいで、明るい声で話します。気持ちのいいお礼が言えたら、相手からあなたへの好感度もアップします。

お礼の電話をかけるときの3つのコツ

コツ①
くだけた言葉づかいで、お礼を言わない！

コツ②
お礼を述べるときの定型フレーズを使う！

コツ③
何についてのお礼か、具体的に伝える！

お礼の内容は、相手がわかっていそうなときでも具体的に伝えます。「自分の言葉で気持ちをストレートに伝えること」も大切ですが、社会人の場合は、礼儀第一です。

＼こんな言い方はNG✕／

**この前は、どうもでした!
めちゃ助かりました。**

case1 書類などが届いた場合

**ひと言お礼を申し上げたいと思いまして、
お電話いたしました。
◎◎を拝受（はいじゅ）いたしました。
誠にありがとうございました。**

POINT お礼の電話であると最初に伝えます。それから、具体的に何についてのお礼か伝えます。何かを受け取ったときは特に、早めの連絡がベストです。

case2 打ち合わせのお礼をする場合

**先日は、
お忙しいなかお時間をつくっていただき、
ありがとうございました。
お話を伺って、◎◎の件について
具体的にイメージすることができました。**

POINT よく知っている間柄（あいだがら）でも、お礼の気持ちはこまめに伝えます。とはいえ、相手の時間を奪うことのないよう、端的（たんてき）な言葉で、明るくハキハキと話します。

case3 名指し人が不在のとき

**ひと言お礼を申し上げたいと思いまして、
お電話させていただきました。
あらためてまたご連絡します。**

POINT 伝言や折り返し電話を頼むことはしません。お礼は本人に直接伝えるものだからです。お礼の電話だと伝えたうえでいったん切り、またかけ直すようにします。

応用編

04 アポイントをとる

アポイント（相手と会う約束）をとるときは、基本的には相手の予定に合わせます。時間を割いてもらうことになるので、こちらの都合は押し付けないことが大切です。

❶面談を申し込む

◎◎様はいらっしゃいますか？

POINT 一度の電話で、面談（訪問）日時を決めることが目的です。電話をかける前に、「目的」、「所要時間」、「自分や同行者のスケジュール」を確認しておきます。

はい、◎◎です。

**お世話になっております。
◎◎の◎◎でございます。
◎◎の件でお伺いしたいのですが、
1時間ほどお時間を
とっていただけませんでしょうか？**

POINT 所要時間の目安は、具体的に伝えます。

はい、大丈夫です。

❷ 日時を決める

ありがとうございます。
お日にちは、いつがよろしいでしょうか？

来週以降だと助かります。

11日の火曜日、14日の金曜日でしたら、
何時でもお伺いできます。
ご都合はいかがでしょうか？

POINT 日時は、基本的に相手に合わせます。こちらから候補日を複数挙げ、相手の都合をたずねるとスムーズです。

11日は、午後でしたら時間がとれます。
13時はいかがでしょうか？

❸ 確認する

承知いたしました。
それでは、8月11日の13時、
部長の◎◎と、私◎◎でお伺いいたします。
どうぞよろしくお願いします。

POINT 同行者がいる場合、名前、人数を事前に伝えます。相手が面談場所を用意する際に欠かせない情報です。

電話を切ったあとは、予定を入れてもらったことへのお礼もかねて、
日時や場所、人数について確認のメールをしておくこと。
日時の聞き間違いも防げるうえに、気の利く人だと思ってもらえるよ！

応用編

05 アポイントを変更する

面談の日時を変更してもらう必要があるときは、電話をかけてお詫びしたあとに調整をお願いします。相手の負担を減らすためにも、日程変更の連絡はできるだけ早めに行います。

❶ まずは謝罪する

たいへん申し上げにくいのですが、8月11日の13時の打合せのお日にちを変更させていただけませんでしょうか？

POINT こちらの都合で頼んでいるので、ていねいに伝えます。「誠に申し訳ございませんが」、「突然のお願いで申し上げにくいのですが」というフレーズからはじめてもＯＫ。

はい、大丈夫ですよ。

❷ 日時を決める

勝手を申しまして恐縮です。来週の11日以外のご都合はいかがでしょうか？

では、14日の金曜日はどうですか？

ありがとうございます。
それでは14日の金曜日でお願いします。
何時にお伺いすればよろしいでしょうか?

POINT 可能であれば、相手の意向をたずね、それに添う形にできれば理想的です。

15:00はいかがでしょうか?

❸ 再度謝罪する

承知しました。
では、14日の金曜日の15時にお伺いします。
このたびは私どもの都合で
日時を変更していただくことになり、
誠に申し訳ございません。
どうぞよろしくお願いいたします。

POINT やむを得ない事情のせいだとしても、予定を快(こころよ)く変更してくれた相手に対して、もう一度お詫びを伝えます。

❹ 電話を切る

お忙しいところ、
お手数をおかけいたしました。
誠にありがとうございました。

アポイントの日時が変わった場合も、
電話を切ったらメールをすること。
文面は、電話と同じく、まずはお詫びからはじめて。
アポイント当日は、最初に日程調整についての
お詫びとお礼を伝えられるとベスト!

応用編

06 携帯電話にかける

携帯電話にかけるときは、相手の時間を邪魔しないようにすることが大切です。時間に配慮して、必ず就業時間内にかけます。電話がつながったら、ひと言お詫びを伝えてから手短(てみじか)に用件を伝えます。

電話をかけるときのポイント

ポイント①

まずは確認する

仕事の電話は会社にかけるのが基本です。名刺に携帯電話の番号が記されている場合は、事前にどちらにかければよいか確認しておきます。「会社の電話のみ」という人もいます。

ポイント②

時間に配慮する

「携帯電話にかけてもよい」と相手から言われていたとしても、緊急のとき以外は就業時間外の電話は控えます。早朝や深夜の電話は相手に迷惑となってしまう場合があります。

ポイント③

必ず電話後にメールする

予期せぬトラブルを防ぐため、通話後に、話の内容を整理してメールしておきます。相手が携帯電話の場合、出先であるため話の内容を記録できないかもしれません。

❶まずは名乗る

case1 基本の言い方

◎◎社の◎◎と申します。

case2 急な用件でかけた場合 よくある

**携帯電話にまでお電話してしまい
申し訳ございません。
◎◎の件で至急連絡したいことがあり、
お電話しました。**

POINT 低姿勢で、簡潔に切り出します。いつでも連絡がとれるのが携帯電話の長所ですが、頻繁な連絡や就業時間外の連絡をわずらわしく感じる人もいます。

case3 夜遅くにかけた場合

夜分遅くに申し訳ございません。

POINT 夜の電話は避けたいもの。ですが、突発的なトラブルや緊急事態が発生したときには、マナーを守って電話をかけたほうがよいこともあります。

case4 朝早くにかけた場合

朝早くに失礼します。

POINT 「朝の電話は、始業後1時間以上が経ってから」ともいわれています。そのため就業時間前の電話は考えもの。ただ、事情がある場合はやむを得ません。ていねいにかけましょう。

case5 休日にかけた場合

お休み中のところ、申し訳ございません。

POINT 相手はリラックスした状態かもしれません。やむを得ない事情でかけるときは、プライベートな時間に踏み込んでいることをわきまえ、ていねいに切り出します。

❷ 今話せるか確認する

case1 基本の言い方

今、お話ししてもよろしいでしょうか?

case2 かけ直すと言われた場合

今、外にいるので、
1時間後にこちらから
かけ直してもいいですか?

申し訳ございませんが、
よろしくお願いいたします。

POINT 基本的に、着信記録にある番号にかけ直されることになります。ほかに、かけてほしい番号があれば伝えます。お礼を言って、速(すみ)やかに切ります。

case3 「今は無理」と言われた場合

申し訳ございません。
のちほどまたお電話いたします。

❸ 用件を伝える

case1 基本の言い方

◎◎の件ですが、
◎◎◎◎でよろしいでしょうか。

POINT 携帯電話では、用件はできるだけ簡潔に伝え、長電話にならないようにします。今話さなくていいことは言わないように気をつけます。

case2 「今すぐにはわかりません」と言われた場合

それでは、メールをお送りいたします。
あとでご連絡をお願いできませんでしょうか?

POINT 急ぎで確認をお願いしたい。でも相手にも都合がある……。そんなとき、電話とメールという2つの手段を使うと、お互いの負担を減らすことができます。

❹ 電話を切る

◎◎の件、承知しました。
ありがとうございます。
わざわざ携帯電話にまでお電話してしまい、
失礼いたしました。

mini column **携帯電話への連絡の可否を名刺確認時に確認しよう**

名刺交換の際に携帯電話の番号に気づいたら、「会社か携帯か、どちらにかけたほうがよいか」確認します。

応用編

07 個人の携帯電話からかける

「いつでもどこからでも電話をかけられる」というメリットがある反面、電波が悪い場所や騒(さわ)がしい場所からかけると、聞こえづらさも伴(ともな)いがち。場所を選び、静かなところから電話します。

個人の携帯電話からかけるときのポイント

ポイント①

最初にひと言添える

通話の最初に「携帯電話から失礼いたします」と伝えます。電波の状態によっては、相手に声が届きにくくなることもあります。最初のひと言があるだけで、声が途切れたり、街の騒音が多少入ったりしても、相手も理解してくれます。

ポイント②

静かなところからかける

外からの通話の場合、声が小さくなったり、雑音が入ったりしやすくなります。そのため静かな場所からかけます。交通機関や駅のホーム、大音量の音楽が流れるお店などはNGです。「騒がしくて声が聞き取りづらいな……」と相手に思わせないための配慮が必要です。

ポイント③

“ながら”トークをしない

周りの迷惑にならないことも大事です。歩き「ながら」、交通機関で移動し「ながら」の通話は控えます。

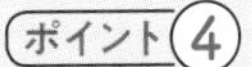

内容に気をつける

会社の契約やプロジェクトの内容についても、触れないようにします。情報が外部に漏れることを防ぐためです。

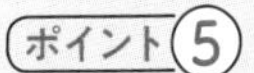

メモを用意する

携帯電話で話すときでも、記録を残します。社外に出るときも、メモをとるためのペンと手帳を持ち歩くようにしましょう。

個人の携帯電話を使用するときは、ほとんどが外出している場合か、もしくはテレワークの場合です。できるだけ静かなところで相手に配慮して電話をかけます。

mini column イヤホンがあると便利

荷物を持ち携帯電話を耳に当てた状態では、メモをとるのが困難です。そんなときは、ハンズフリーで通話可能なワイヤレスイヤホンがあると便利です。ただし、イヤホンをすると声が自然と大きくなりがちなので注意。

COLUMN

留守番電話につながらなかったときは？

留守番電話につながらない理由の１つとして考えられるのは、会社の方針です。「営業時間は17時までとなっております。おかけ直しください」といったアナウンスが流れる場合もあります。留守番電話につながらなかったときは、電話を切ったあとメールを送る、時間を置くまたは日をあらためて電話をかけ直します。

メールを送るようにしよう

メールでは用件を過不足なく伝えることができます。相手も状況を知ることで、次の行動を起こしやすくなるため親切です。情報を伝えることで、こちら側も誠意を見せることができます。

メールを送るときは一言添える

電話がつながらず、相手にメールで用件を伝えるときは、電話をかけた旨をひと言添えましょう。「お世話になっております」と書いたあとに、「◎◎の件で、さきほどお電話させていただきましたが、ご不在でしたのでメールにて失礼いたします」と書けば、相手の状況を考慮したことが伝わります。

4章

敬語の基本

電話応対で使われる敬語は限られています。そのため最低限の知識さえもっておけば、問題なく電話応対はこなせます。

敬語をマスターすれば電話応対も楽になる

敬語とは、「あなたを尊重して敬(うやま)っています」というサインです。使いこなすことができれば、自分の考えを相手に正確に伝えられ、会話もスムーズに運べるようになります。

敬語の役割

役割①

立場を明確にする

相手によって敬語を使い分けることで、それぞれの立場が明確になり、コミュニケーションが円滑(えんかつ)に進みます。相手が敬語をしっかり理解している人なら、正しい敬語を使っていることも理解してもらえて、あなたの印象もよくなります。

役割②

敬意を示す

相手への敬意を自然に表現することができます。これは電話応対に限った話ではなく、目上の人に対して敬語で話すことは社会生活において必ず求められます。

敬語を使うことで得られる

メリット①

信頼されるようになる

敬語にはルールがあります。敬語を使いこなせるようになれば、「一般常識があって、仕事もできる人なんだな」と電話の相手も思ってくれます。そういった印象を与えることができれば、相手も安心して伝言などを任せてくれるはずです。

メリット②

人間関係がうまくいく

敬語で話すことで、相手は好印象をもってくれます。また、こちらが相手を大切にしようとしている気持ちも伝わるため、信頼関係も深まり、仕事もうまくいきやすくなります。

メリット③

自分に自信がつく

きちんとした言葉づかいで話せるようになると、自分に自信がつき、「電話が怖い」という気持ちがやわらぎます。はじめは「敬語って難しい」と感じるかもしれません。ですが意識して使っているうちに、体に習慣づけられます。

敬語をうまく使いこなせると、
コミュニケーションを
スムーズにとれるようになる!

マナー

01 敬語の基本と使い分け

相手に関係なく使うことができる「ていねい語」と、相手との関係性によって使い分ける「尊敬語」、「謙譲語」。この３つさえ覚えれば、電話応対はなんなくこなせます。ポイントは「上下関係」と「主語」を見極めることです。

立場によって使う言葉が変わる

立場に合わせて
敬語を使い分けよう。

尊敬語

相手

使う相手
- 上司
- 先輩
- 取引先の人
- お客様

↑相手を立てる

ていねい語

相手　自分

使う相手
- 目上の人
- 対等な立場の人

自分をへりくだる↓

謙譲語

自分

尊敬語

目上の人の行為や状態を表現するときに、相手を立てて使う言葉。その人を敬っている姿勢を伝えることができる。上司や取引先の人、お客様と話すときは尊敬語を使う。

ていねい語

相手を高めたり、へりくだったりする役割はないが、相手に対して物事をていねいに伝えられる言葉。相手の立場に関係なく使う。困ったときはていねい語を使うとよい。

謙譲語

自分の行為や状態をへりくだって表現することで、相手を立てることができる言葉。社外の人に、社内の人のことや自分のことを話すときは謙譲語を使う。

主語が「誰」かで考えよう

●「言う」の場合

主語が相手側＝尊敬語

◎◎様がおっしゃるように、
私も△△したいと思います。

◎◎様が言ったように、
私も△△したいと思います。

話したい言葉の主語が相手側（取引先の人や上司）の場合は尊敬語を使います。自分よりも相手の立場を高めた表現にすることができます。

主語が自分側＝謙譲語

以前申し上げましたように、
◎◎は△△とさせていただきたく
存じます。

以前も言いましたが、
◎◎は△△になったんです。

話したい言葉の主語が自分側の場合は、謙譲語を使って自分の立場が下であることを示します。へりくだった表現にすれば、自分を下げて、相手を立てることができます。

人を呼ぶときのルール

● 自分の上司を呼ぶ場合

相手が社外の人＝呼び捨て

○ 山本はただいま外出しています。

× 山本さんは外出中です。

社外の人との会話の中で自分の上司を呼ぶ場合は「呼び捨て」が原則。「さん」などの敬称を付ける必要はありません。

相手が社内の人＝さん、または役職名

○ 山本課長はただいま外出しています。

× 山本様は外出中です。

社内の人との会話の中で上司を呼ぶ場合は「名字＋役職」、もしくは「さん付け」で呼ぶのが原則です。呼び捨てで呼ぶことがないように気をつけます。

●社外の人の名前を伝える場合

相手が社外の人＝様、または役職名

○ 山田部長はいらっしゃいますか？

× 山田部長様はいらっしゃいますか？

役職名だけでも敬意を表したことになります。「部長」などの「役職名」に「さん」や「様」を重ねるのは誤（あやま）りなので気をつけます。

本人と直接会話＝さん、または役職名

○ 山田部長は、
明後日は空いていらっしゃいますか？

× 山田部長様は、
明後日は空いていらっしゃいますか？

「名字＋役職名」、「名字＋さん」が正解。こちらも「役職名」に「様」を重ねるのは、一見ていねいなように思えて誤りなので気をつけます。

同じ人のことを指していても、
社内にいるときと、
社外での会話のときでは
呼び方を変えよう。

●自社を呼ぶ場合

弊社では◎◎を行っております。

我が社は◎◎を行っております。

自社を呼ぶ際、「我が社」、「当社」という言葉は、へりくだった言い方ではありません。「弊社」、「小社」という謙譲表現を使うのが正解です。

●相手の会社を呼ぶ場合

御社の場所は◎◎駅が最寄り駅でお間違いないでしょうか。

そちらは◎◎駅の近くで間違いないですか?

「御社」という尊敬表現を使います。相手が店の場合は「御店」、銀行は「御行」、学校は「御校」などに言い方が変わります。

●相手の親族を呼ぶ場合

- ◆父➡お父上、お父様
- ◆母➡お母上、お母様
- ◆両親➡ご両親様
- ◆夫➡ご主人様
- ◆妻➡奥様
- ◆息子➡息子さん、お子様、ご子息
- ◆娘➡娘さん、お子様、お嬢様
- ◆家族➡ご家族、皆様

電話応対で親族のことが話題に上がることは少ないですが、呼び方を知っておくといざというときに便利です。

ビジネスシーン特有の言葉づかい

ビジネスシーンでよく使われる言葉です。ふだんの言葉づかいとビジネスシーンでの言葉づかいは違うため、これらを知っておくとうまく使い分けられるようになります。

ふだん使いの言葉	改まり語
どう	いかが
じゃあ	では
本当に	誠に
程度を表す言葉	
ちょっと	少々
いくら	おいくら・いかほど
どのくらい	いかほど
とても	たいへん
すごく	非常に
時を表す言葉	
すぐに	ただちに・さっそく
いま	ただいま
前から	かねてより
さっき	さきほど
あとで	のちほど
人・会社を表す言葉	
僕・私	わたくし
僕たち・私たち	わたくしども
あなた	貴殿(きでん)
誰	どちら様
どの人	どなた様・どの方
二人	おふたり・おふた方
三人	おさん方
みんな	みなさま・ご一同
相手の会社	御社・貴社（※おもに文面で使う）
自分の会社	弊社・当社
高齢者	ご年配の方・お年を召された方

マナー

02 電話応対でよく使う敬語一覧

動詞に「お～になる」を付ければ尊敬語、「お～する」を付ければ謙譲語になる表現はたくさんあります。ただし例外的なケースもあるので、ひと通り頭に入れておくようにします。

一般的な表現	尊敬語	謙譲語	ていねい語
ある	おありになる	ー	あります
いる	いらっしゃる	おる	います
する	される、なさる	いたす、させていただく	します
行く	いらっしゃる、お越しになる	伺(うかが)う、参る	行きます
訪ねる	お訪ねになる	伺う	訪ねます
来る	いらっしゃる、お越しになる、お見えになる	参る	来ます
帰る	お帰りになる	失礼する、おいとまする	帰ります
会う	会われる、お会いになる	お会いする、お目にかかる	会います
待つ	お待ちになる	お待ちする	待ちます
言う	言われる、おっしゃる	申し上げる、申す	言います
話す	お話しになる	お話しする	話します
尋(たず)ねる	お尋ねになる	伺う、お尋ねする	尋ねます
答える	お答えになる	お答えする	答えます

一般的な表現	尊敬語	謙譲語	ていねい語
わかる	おわかりになる、ご理解、ご承知	かしこまる、承知する、承る	わかります
承諾する	―	かしこまる、承知する、承る	承諾します
聞く	お聞きになる、聞かれる	伺う、お聞きする	聞きます
聞かせる	お聞かせになる	お聞かせする	聞かせます
思う	お思いになる、思われる	存じる	思います
知る	ご存じ	存じ上げる	知ります
読む	お読みになる、読まれる	拝読(はいどく)する	読みます
書く	お書きになる	お書きする	書きます
見る	ご覧になる、見られる	拝見(はいけん)する	見ます
見せる	お見せになる、お示しになる	お見せする、お目にかける	見せます
与える	ご恵与(けいよ)くださる	差し上げる	やります
もらう	お受け取りになる、お納めになる	いただく、頂戴する	もらいます
借りる	お借りになる、借りられる	お借りする、拝借する	借ります
食べる	召し上がる	いただく、頂戴する	食べます
飲む	召し上がる、お飲みになる	いただく、頂戴する	飲みます
買う	お買いになる、買われる、お求めになる	買わせていただく	買います
着る	お召しになる、着られる	着させていただく	着ます

マナー

03 敬語のよくあるNG

ていねいに話しているつもりで、知らないあいだに間違った言葉づかいをしていることはよくあります。「～のほう」などの言葉はその代表例。間違いがちな言葉を覚えておくだけでも、うまく言葉選びができるようになります。

ありがちなNG

二重敬語
お帰りになられる

若者言葉
以上でよろしかったでしょうか？

ら抜き
見れる

「さ」入れ
読まさせていただく

相手（社外の人）＋「ございます」
◎◎様でございますね

上記の言葉のうち、知らないあいだに使っていたことのある言葉はないでしょうか。これらはすべて誤った敬語表現。電話先の人から信頼してもらえるように、間違いやすいポイントを知っておきましょう。

二重敬語

二重敬語とは、1つの言葉の中で、同じ敬語を二重に使ったもののこと。尊敬語や謙譲語を重ねるのは誤用です。敬語とは「重ねれば重ねるほどていねいになる」というわけではありません。

○ お越しになりますか?

✖ お越しになられますか?

「お＋〜になる」という尊敬語に、「〜（ら）れる」という尊敬語を重ねてしまっています。「なりますか？」という表現は偉そうだと感じてしまう人もいるかもしれませんが、正しい敬語です。

○ ご注文を承(うけたまわ)ります。

✖ ご注文をお承りします。

「承る」(「受ける」の謙譲語）に、「お＋〜する」という二重敬語になっています。「お」を付けるとていねいな印象ですが、乱用するとしつこく感じてしまうため注意します。

○ ◎◎さんがおっしゃっています。

✖ ◎◎さんがおっしゃられています。

「おっしゃる」(「言う」の尊敬語)に、「〜(ら)れる」という尊敬語を重ねる表現です。スマートに「おっしゃっています」と伝えます。

○ お話しになります。

✖ お話しになられます。

「お話しになる」(「話す」の尊敬語）に、「〜（ら）れる」という尊敬語を重ねる表現です。「〜（ら）れる」という言葉も、「お」を言葉の頭に付けるのと同様に、しつこく感じられるため注意します。

○ 拝聴(はいちょう)してもよろしいでしょうか?

✖ 拝聴させていただいてよろしいでしょうか?

「拝聴」(「聞く」の謙譲語）に、「いただく」(「もらう」の謙譲語）を重ねてしまっています。ていねいに話そうとするあまり、「させていただく」という言葉をとっさに使ってしまうことがよくありますが、誤った敬語表現です。

若者言葉

友達と話すときの言葉の選び方や、アルバイトのマニュアルにあるような言葉づかいは「若者言葉」にあたります。ビジネスシーンでは基本的に使いません。若者言葉を使うとなれなれしくなってしまうため、注意が必要です。

○ よろしいでしょうか?
✕ よろしかったでしょうか?

過去のことではないのに、「～かった」と使うことで過去形になっています。また相手に確認しているのにもかかわらず、こちらで決めつけるような言い方にも聞こえます。

○ わたくしといたしましては
✕ 私的に

「私的に」という言葉は日本語として誤っています。また、自分の主張をぼかそうとする気持ちが感じられ「自信がない」と受け取られかねません。

○ ～でございます。
✕ ～になります。

「～になります」という言葉には「変化する」という意味があります。「◎◎になる＝（私自身が）◎◎に変化する」という意味が含まれます。そのため「変化」のニュアンスを含まない場面で使うのは誤りです。

○ ～は
✕ ～のほうは

「ご注文のほうは」と飲食店で使われがちな言葉。そもそも「ほう」とは場所や分野を示す言葉なので、それ以外のシーンで使うのは誤りです。

○ ～です。
✕ ～というかたちです。

「かたち」という言葉は、実際に形のあるものに対して使う言葉です。「スケジュールはこのようなかたちになります」などと、よく使われがちな言葉ではありますが、実際は誤り。「スケジュールはこちらです」とシンプルに使います。そのほうが相手にもシンプルに伝わります。

不自然な言葉づかい

日常生活の中で、よく使われている言葉にも誤った敬語表現はたくさんあります。ふだん何気なく耳にする言葉や自分が口に出す言葉に耳を傾(かたむ)けて、正しい日本語を使うようにすることが大切です。

○ お茶かコーヒーか、どちらになさいますか?

✕ お茶かおコーヒーか、どちらになさいますか?

敬語には、「お」(ご) を付ける表現 (美化語) があります。しかし外来語に「お」は付けられません。例えば「おコーヒー」、「おトイレ」、「おビール」は誤用です。また「お」の多用はていねいすぎるため、使いすぎないよう注意。

○ 部長は席についております。

✕ 部長は席についてございます。

「ございます」は、「ある・です」のていねい語で、自分側にも相手側にも使える言葉です。ただし「いる・います」の言い換えには使えないので要注意。また、正しい使い方をしていても、多用するとうるさく感じられます。

○ 住所を記入のうえ、ご送付ください。

✕ ご住所をご記入のうえ、ご送付ください。

○ 職業や趣味、ご家族の話をお聞かせください。

✕ ご職業やご趣味、ご家族の話をお聞かせください。

ていねいに話そうとするあまり、「ご」をつけすぎてしまった場合。誤用というわけではありませんが、まわりくどく、不自然な印象を与えてしまいます。文章の前半には「ご」を使わず、後半に「ご」を使うとスッキリします。

ていねいに話そうと
心がけることは大切。
だけど考えすぎて
まわりくどい表現に
ならないように気をつけて。

「ら」抜き言葉

誤った言葉の使い方の代表格でもある「ら」抜き言葉。「ら」抜き言葉とは、助動詞「られる」の「ら」が抜け落ちた言葉のことです。若者のあいだではあたりまえのように使われていますが、日本語としては誤りなので、特に年代が上の人に対しては使わないようにします。

○ さきほどお送りした資料ですが、今見られますでしょうか?

✕ さきほどお送りした資料ですが、今見れますでしょうか?

「見れる」という言葉は「見られる」のら抜き言葉です。日常会話ではよく使われている言葉ですが、あらたまったシーンで使うと軽率な印象を与えたり、常識がないと思われることもあるので注意しましょう。

● **その他のよくある「ら」抜き言葉**

○ 来られる
✕ 来れる

○ 食べられる
✕ 食べれる

○ 考えられる
✕ 考えれる

○ 決められる
✕ 決めれる

○ 行かれる
✕ 行ける

○ 出られる
✕ 出れる

○ 着られる
✕ 着れる

○ 降りられる
✕ 降りれる

○ 借りられる
✕ 借りれる

友達同士での会話のときも
気をつけて話すクセをつけると、
ビジネスシーンでも
自然と正しい日本語が
使えるようになる!

「さ」入れ言葉

「さ」入れ言葉とは、文章の中で不要な「さ」を入れてしまう言葉です。「～させていただく（もらう）」、「～させる」など、動詞と正しくつなぐと謙虚（けんきょ）な印象を相手に与えられますが、誤って「さ」を入れると、「さ」入れ言葉となり不適切です。

○ さきほど資料を受け取りました。のちほど読ませていただきます。

✕ さきほど資料を受け取りました。のちほど読まさせていただきます。

「さ」入れ言葉を見分ける方法は簡単。「～せていただきます」と付けたい単語を「ない」の形にしたときに、単語の最後の母音が「あ」になるものには「～せる」と付け、そうでないものには「～させる」と付ければよいのです。上の例でいえば、「読む→読まない→読ませていただく」とすればＯＫ。

●その他のよくある「さ」入れ言葉

○ 休ませていただく
✕ 休まさせていただく

○ 行かせていただく
✕ 行かさせていただく

○ 書かせていただく
✕ 書かさせていただく

○ やらせていただく
✕ やらさせていただく

○ 言わせていただく
✕ 言わさせていただく

○ 使わせていただく
✕ 使わさせていただく

「させていただく」も間違いとは知らずに
使っている人がいっぱい。
そのぶん、正しい日本語を使えるだけでも、
周りからの評価は上がる！

マナー

04 知っておくと便利なクッション言葉

何かをお願いするときや断るときはクッション言葉を使います。クッション言葉とは、相手に何かを伝えるときに言葉の前にひと言添える言葉です。言葉の通り、クッションのような役割を果たしてくれます。

表現をやわらげることができる

恐(おそ)れ入りますが、
明日までに企画書をメールで
いただけますでしょうか?

明日までに、
企画書をメールしてください。

●依頼する場合

お手数をおかけしますが、
資料をもう一度
送っていただけませんでしょうか?

物事をお願いするときは、「上から目線で言われた」、「命令された」という印象を相手に与えないことが大事です。

その他の例

- ご面倒をおかけしますが
- ご足労をおかけしますが

●たずねる場合

お差し支えなければ、
本日お伺いできませんでしょうか？

「これから質問しますよ」と前置きをするだけで、相手の都合を尊重する姿勢を見せることができます。何かを突然たずねると、相手を驚かせてしまうことも。

その他の例

- つかぬことをお伺いしますが
- もしよろしければ
- たいへん失礼ですが
- 失礼とは存じますが

●反論する場合

差し出がましいようですが、
こちらの企画案でいかがでしょうか？

相手が目上の人の場合は特に、謙虚な気持ちを伝えたいもの。「こんなことを言ってしまい恐縮（きょうしゅく）ですが」といった謙虚さを表すフレーズをはさみます。

その他の例

- お気持ちはたいへん
  よくわかりますが
- おっしゃることは
  ごもっともですが
- 恐れ入りますが

●指摘する場合

誠に申し上げにくいのですが、
この書類には間違いがあるようです。

相手を傷つけないようにします。「あえて言いたくはないのですが」というニュアンスを含ませたフレーズを使うと謙虚さを伝えられます。

その他の例

- たいへん失礼ですが
- せんえつながら
- 余計なこととは存じますが
- すでにお気づきかも
  しれませんが

対応できないときは「クッション言葉+お断り」でていねいに伝える

せっかくのご依頼ではございますが、
弊社では対応をいたしかねます。

クッション言葉 ＋ 断りの言葉

弊社では対応できないんです。

明らかに対応できないことであっても、「できない」という言い回しは失礼に聞こえてしまいます。そんなときは「クッション言葉＋お断りの言葉」を使えば、相手を不快にさせずに断ることができます。または、できることや代替案(だいがえあん)などを提案し、要望に応えようとする姿勢を見せます。

●断る場合のクッション言葉

たいへん残念ですが、
その日は予定がございます。

断るときは、とにかく相手を不愉快(ふゆかい)にさせないことが重要。断る前にクッション言葉をひと言添えるだけでも、ていねいさが伝わります。

その他の例

- ◆あいにくではございますが
- ◆申し訳ございませんが
- ◆お役に立てず申し訳ございませんが
- ◆せっかくのご依頼ではございますが
- ◆たいへん心苦しいのですが

言い方を変えるだけで、
相手に不快感を与えずに
思いを伝えられる!

●断りの言葉は肯定系を使うと角が立たない

「できません」や「わかりません」といった否定の言葉はストレートすぎて、相手を不快にさせてしまうことがあります。「また依頼したい」、「お願いしたい」と相手に思ってもらえるように、肯定形の言い回しを覚えておくと便利です。

否定形	肯定形
できません	いたしかねます
禁止です	ご遠慮いただいております
	お控（ひか）えいただいております
ありません	切らしております
いません	席を外しております
空きはありません	すでに予約でいっぱいになっております
わかりません	わかりかねます

mini column「申し訳ございません」を「恐れ入ります」に変えよう

恐れ入りますが、こちらの書類を確認していただけないでしょうか。

「恐れ入ります」と「申し訳ございません」。どちらもビジネスシーンでよく使われる言葉です。電話応対が苦手な人は、「申し訳ございません」とすぐに謝りがち。ですが、謝罪の言葉は謝罪すべきときに使うものであり、そうでないときに使うと逆に相手に気を遣わせてしまう可能性も。言葉の意味を知って、正しく使い分けます。「恐れ入ります」は謙譲語で相手の行為を敬う言葉です。相手に何かをお願いするときや質問をするときなどに使われます。お願いをする場合、「恐れ入りますが」とひと言添えれば、相手への気遣いは十分に伝わります。

マナー

「05」これができれば上級! 状況別フレーズ集

伝える内容が同じであっても、やわらかい表現を用いるだけで言葉の伝わり方は変わります。電話応対に慣れてきたら、スマートな言い方を覚えて言葉の引き出しを増やせば、どんな電話にも迷わず対応できるようになります。

●質問する場合

○ どのようなご用件でしょうか?

✕ 何の用ですか?

「用件」に「ご」を付け、ていねい語にします。さらに「ですか」ではなく「でしょうか」という疑問形にすればよりソフトに質問できます。

○ 失礼ですが、◎◎についてお聞かせ願えますか?

✕ ◎◎について、教えてもらえますか?

名前や会社名などを聞くときに使える言い回しです。「お聞かせ願えますか?」という疑問形は、スマートで相手にも好印象を与えることができます。

●回答する場合

○ わかりかねます。

✕ わかりません。

「わかりません」というストレートな表現ではなく、「～かねる」という肯定表現を使うと、やわらかい印象を与えることができます。

○ 勉強不足で申し訳ありません。

✕ ちょっと難しいです。

知っているふりをしたり憶測（おくそく）で答えたりするとトラブルになることも。知識不足をお詫びし、後日フォローします。

●お待たせする場合

○ 少々お待ちいただけますか。

✕ ちょっと待ってください。

「ちょっと」は話し言葉のため、ビジネスシーンでは使いません。「少々お待ちいただけますか」とたずねるのが正解です。

○ 少々お時間をいただいてもよろしいでしょうか?
確認いたします。

✕ 確認するので、少しお待ちください。

「お待ちください」と指示するのではなく、「お時間をいただいてもよろしいでしょうか」とたずねるようにします。

●謝る場合

○ たいへん申し訳ございません。

✕ すみません。

「すみません」、「ごめんなさい」はNG。謝罪の言葉は「申し訳ありません(ございません)」が正解。焦ってしまうとつい「すみません」と口走ってしまいがちですが、冷静に謝ります。

○ ご迷惑をおかけして、申し訳ございません。

✕ ご迷惑をおかけしました。

「ご迷惑をおかけした」というフレーズだけでは、十分な謝罪とは言えません。「申し訳ございません」も必要です。

●感謝する場合

○ 誠にありがとうございます。

✕ 感謝です。

「感謝です」のていねいな表現は「感謝申し上げます」です。「感謝申し上げます」でもよいですが、いつも取引している人などであればストレートに「ありがとうございます」と伝えます。

●ほめる場合

○ たいへん勉強になります。

✕ さすがです!

「ほめる」行為は、目上の人が目下の人に行うもの。感謝や、「勉強になった」という謙虚な気持ちを伝えます。

○ 参考にさせていただきます。

✕ すごいです!

「すごい」という言葉は、相手を評価することになるためNG。人によっては不快な気持ちにさせてしまうこともあるので注意します。「参考にさせていただく」はOKです。

●ほめられた場合

○ ありがとうございます。
◎◎さんの助言（じょげん）のおかげです。

✕ 私なんて、まだまだです。

謙遜しすぎると、相手との心の距離ができてしまうことも。それよりも、お礼や感謝の気持ちを伝えます。

○ おかげさまで、成績をアップさせることができました。
◎◎さんには、たいへん感謝しております。

✕ やっぱり、すごい成績ですよね?
われながらよく達成したと思います。

調子に乗って本音で話してしまうのはNG。「ご指導いただいたおかげで」と、感謝を伝えるべきです。

●同意する場合

○ おっしゃるとおりです。

✕ 私も同感です。

「同感する」という言葉は、対等な立場同士で使うもの。目上の人に対して使うことは、失礼にあたります。

○ 私もそう思います。

✕ 私も大賛成（だいさんせい）です。

気持ちをストレートに、強く表現しすぎる必要はありません。控えめに聞こえるくらいの言い回しでOK。

●共感する場合

⭕ 私もそう思います。

❌ なるほど！

「なるほど」は相手を評価しているようにとられかねません。「お気持ち、よくわかります」といった言葉を使います。

⭕ そうですね。

❌ たしかに！

「たしかに」も、「上から目線」の印象を与えてしまいます。インパクトには欠けますが「そうですね」などが正解です。

●否定する場合

⭕ 恐れ入りますが、
確認したところこれは◎◎ということでしたが、
いかがでしょうか？

❌ これは違います。

どのような状況でも、相手の直接的な否定は避けたいもの。ソフトな言い回しで客観的な事実を伝えましょう。

⭕ 私の意見が絶対だとは思いませんが、
◎◎のような見方もできると思います。
いかがでしょうか？

❌ それは誤りです。

「自分の考えにこだわるわけではないが」と断ってから違う考え方を提示すると、受け入れられやすくなります。

⭕ ◎◎さんのおっしゃることはごもっともですが、
確認したところ、◎◎◎ということもあるようです。

❌ ◎◎さんの考え方は誤りです。

最初に相手を立て、「十分に尊重している」という姿勢を伝えると、相手を不快にさせにくくなります。

COLUMN

訪問先での受付電話対応

訪問先の受付には約束の5分前に到着し、訪問相手に内線電話をかけます。訪問相手以外の人が電話に出ることもあります。名乗るときは、ていねいにはっきりと伝えます。

受話器を取ってからの流れ

❶記帳する

記帳するようになっている場合、自分の会社名と氏名を書く。

❷電話をかける

受付にある電話の受話器をとり、訪問相手の内線番号を押す。

❸相手が出たら名乗る

相手が電話に出たら自社名と名前、約束をしている相手の名前を伝える。

◎◎社◎◎部の◎◎と申します。
◎◎部、(役職名)◎◎様をお願いいたします。
×時にお約束をいただいております。

❹電話を切る

「少々お待ちください」、「◎階までいらしてください」など、指示をもらったら、お礼を伝えて電話をていねいに切る。

5章

クレーム対応

クレーム対応は誰でも怖いもの。ですが、本章で紹介するルールに沿って対応すれば怖がる必要はありません。

コツをつかめば怖くない!
クレーム対応の心がまえ

クレーム電話に対しては「ただ謝ればよい」というわけではありません。まずは相手の本当の気持ちをうまくくみとることが大切です。クレーム対応にあたる前に、知っておきたいポイントを紹介します。

クレーム対応時の心がまえ

ポイント①

メモをとりながら聞く

メモをとりながら、話の全体像を把握（はあく）します。ただ話を聞いているだけでは、相手の心をつかみきれず何に対して不快に思っているのかがわからないこともあります。

ポイント②

クレームかどうか見極める

まずは冷静に対応を。苦情の電話と思いきや、感想や要望、相談だったということもあります。相手が怒っているとこちらで決めつけて、先に謝罪しないようにするのがポイントです。

ポイント③

あいづちはしっかり打つ

相手の話にかぶってしまわないよう、話の合間にうまくあいづちを打ちます。たとえ話に聞き入っていても、黙ってうなずいていては相手に伝わりません。ちゃんと声に出すことが大切です。誠実に話を聞く態度は、必ず相手に伝わります。

ポイント④

場合によっては折り返す

自分では対応できないと判断したら、30分後を目安に折り返すようにして、速(すみ)やかに上司に相談します。クレームの中には、対応が難しい案件も珍(めずら)しくありません。1人で判断したことが、あとで大きなトラブルに発展してしまうこともあります。

ポイント⑤

謝罪の引き出しを多くもつ

こちら側に過失(かしつ)がある場合、「限定的に非があるケース」、「全面的に非があるケース」に大きく分けることができます。相手の話をしっかり聞いたら、過失の程度によって謝り方を変えます。こちらに非があるからと、謝りすぎることはありません。

お詫びのパターン

●こちらの過失が限定的な場合

「ご不便(ふべん)をおかけして、たいへん失礼いたしました」
「ご迷惑をおかけして、誠に申し訳ございません」
「お手数をおかけして、たいへん申し訳ございません」

こちら側に限定的な過失がある場合のお詫びの言葉です。「不便」や「迷惑」、「お手数」をかけたことについての謝罪をします。

●こちらの過失が全面的な場合

「たいへん失礼いたしました」
「誠に申し訳ございません」
「心よりお詫び申し上げます」
「お詫びの言葉もございません」

こちら側に全面的な過失がある場合です。「100％非がある」というときにのみ使います。

クレーム対応の基本の流れ

クレーム対応にはスムーズに解決させるための流れがあります。相手の気持ちを尊重しながら、要望を整理し、解決策を提案することです。ゴールは相手が納得してくれること。やみくもに謝罪するのはNGです。

クレーム対応のポイント

ポイント①

相手の言い分や感情を尊重する

相手の話を聞いている最中に、反論したくなったり、言い訳をしたくなったりしたとしても、いったん最後まで話を聞きます。話を遮(さえぎ)ると余計に状況が悪化する場合もあります。同意の気持ちを表す言葉を伝えつつ、相手の気持ちを尊重して落ち着いた対応を。

ポイント②

相手が納得してくれることがゴール

クレーム対応の終着点は相手に納得してもらうことです。ただ謝るだけでは納得してもらえないことも少なくありません。相手の話を理解したうえで、具体的な解決策を提示して、きちんと納得してもらってから電話を切るのがポイントです。解決できないときは迷わず上司に相談を。

クレームに対応するときの基本の流れ

1 お詫びをする

相手を疑わず、否定もせず、まずは不快な思いをさせてしまったことについて心を込めて謝ります。どちらに非があるかを考えるのは話をすべて聞いてからです。

➡P.134へ

2 話を聞く

相手の雰囲気やペースにのみ込まれず、メモをとりながら冷静に話を聞きます。話の途中で、相手の言葉を遮らないように落ち着いてあいづちを打ちます。

➡P.136へ

3 状況・詳細を把握する

低姿勢でくわしく話を聞きます。「6W3H」(P.54参照)を軸にして話を進めます。過剰と思える要望にも、まずは耳を傾(かたむ)けて、相手が何を求めているのかを見極めます。

➡P.138へ

4 解決策を提案する

こちら側の都合と相手の要望をすりあわせ、具体的な解決案を提案します。解決策がわからなかったり、自分の担当外の案件であれば担当者に取り次いでもかまいません。

➡P.140へ

5 電話を切る

納得してもらえたら感謝を伝えて電話を切ります。最後まで気を抜かずにていねいに対応します。相手をファンにさせるくらいのフォローができれば理想的です。

➡P.142へ

基本編

01 お詫びをする

どのようなクレーム対応も、まずは謝罪の言葉からはじまります。電話をかけるという手間をかけさせてしまったことについて、きちんと謝ります。とはいえ「謝りすぎないこと」も大事です。

お詫びをするときの3つのコツ

コツ① **謝るときこそていねいに!**

コツ② **動揺せず、冷静に!**

コツ③ **疑いの気持ちを相手に見せない!**

突然のクレームに動揺することがあるかもしれませんが、冷静に対応します。どのようなケースにせよ、どちらに非があるにせよ、謝罪の気持ちをていねいに伝えます。

＼こんな言い方はNG✕／

え？　はあ……。すみませんでした。

case1 こちら側に非があるケース 

誠に申し訳ございません。

POINT ほかにも、「たいへん失礼いたしました」、「心よりお詫び申し上げます」、「お詫びの言葉もございません」といった謝り方でもOK。

case2 どちらに非があるかわからないケース 

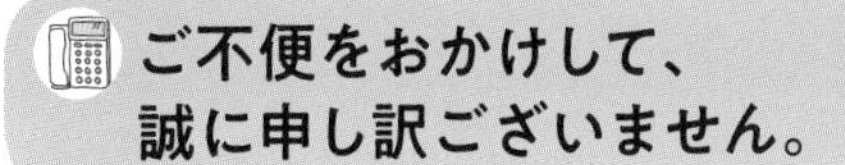

ご不便をおかけして、
誠に申し訳ございません。

POINT 謝る理由は「ご迷惑をおかけして」、「お手数をおかけして」、「ご不快な思いをさせてしまい」など。謝るフレーズとして「たいへん失礼いたしました」も使えます。

case3 相手の要望が過剰なケース

ご要望に沿えず、
申し訳ございません。

POINT 相手を突っぱねることなく説得し、納得してもらう必要があります。まずは「要望や期待に沿えなかったこと」をお詫びします。

mini column **クレーム電話を引き継いだ場合は?**

たいへんお待たせいたしました。
◎◎でございます。

最初に対応した人から聞いた情報を整理して電話に出ます。あいさつと名乗ることを忘れずに行い、お詫びをしっかりと伝えます。その後、用件を復唱して、相手の要望を確認します。

基本編

02 話を聞く

お詫びをしたあとは、相手の言い分にしっかりと耳を傾けます。不快に思っていることを、まずはすべて話してもらいます。決して話を遮ることなく、適度にあいづちを打ちながら聞くようにします。

話を聞くときのポイント

ポイント①

まずはひと通り聞く

まずは、相手の話にしっかりと耳を傾けます。たとえ相手が怒っていても、あなたに対して怒っているのではなく、商品や会社の対応に怒っていると考えると冷静に対応できます。

ポイント②

話を遮らない

相手に、「言いたいこと」をいったんすべて吐き出してもらいます。そうすることで、相手の心を早く開くことができ、納得してもらいやすくなります。何より話の腰を折らないことが大切です。

ポイント③

正確に聞き、メモをとる

速やかな解決のためにもメモは必須です。「6W3H」(P.54参照) に沿ってメモをとると、話の全体像もつかみやすくなります。ただしメモをとることに気をとられすぎて、話を聞き逃さないように注意。

あいづちの打ち方

話を聞いている中で、相手の不満や本音が大きくなった瞬間にしっかりあいづちを打ちます。一方、相手が話している最中のあいづちは逆効果。相手の思いに共感する姿勢を示せば、不満や怒りもやわらぎます。

こんなあいづちはNG

相手の言葉を遮るようにあいづちを打ったり、あいまいな対応をしないように注意。相手の逆鱗（げきりん）に触れてしまう可能性もあります。

基本編

03 状況・詳細を確認する

しっかり話を聞き、相手の言い分を正確に把握します。メモをとることで、あいまいな点やおかしな点に気づけることもあります。どんなに相手が強い口調で迫ってきても、冷静さを忘れないようにします。

状況や詳細を確認するときの3つのコツ

コツ①
相手の言い分に、誠実に向き合う!

コツ②
相手をおとしめるような言い方をしない!

コツ③
相手を否定するようなことは言わない!

相手の話に矛盾(むじゅん)があったり要領を得なかったりしたとしても、低姿勢のまま事実を把握することに努(つと)めます。相手を否定せず、話を聞き出すことが大切です。

＼こんな言い方はNG✕／

お話が複雑で、よくわかりません。
何か、勘違いをされていませんか?

case1 こちら側に非があるケース

**どのような内容か、
お聞かせいただけますか?**

POINT 相手の話に素直に耳を傾け、具体的な状況や要望をくわしく聞きます。「6W3H」(P.54参照)をもとに内容を整理して聞くことが大事です。

case2 どちらに非があるかわからないケース

**恐(おそ)れ入りますが、
お話を一度、
整理させていただけますか?**

POINT 相手の主張が要領を得ないときは、低姿勢をとって、くわしく確認させてもらいます。話に矛盾があれば解決し、どちらに過失があるか明確にしていきます。

case3 相手の要望が過剰なケース

◎◎◎◎◎ということでございますね?

POINT 「理不尽だなぁ」と感じても、会話の途中で相手の要望を確認することは大事です。相手を否定せず、相手の言葉をそのまま復唱して確認してもらいます。

クレームの状況を確認したら、
どちらに非があるのかを
判断したうえで
返答を選ぶこと!

基本編

「04」解決策を提案する

相手の話をきちんと聞いたあとに状況を整理したら、こちらから解決策を提案します。自分の担当ではない場合や、解決策がわからないときは担当者から折り返すようにします。

解決策を提案するときの3つのコツ

コツ①
「難しい」と感じても、誠実に対応する!

コツ②
自分の都合を相手に押し付けない!

コツ③
自分で解決しようとせず上司に相談する!

相手の意見や要望を聞いて「無理」と感じても、そのまま伝えるのはNG。拒(こば)んだり、はねつけたりするのではなく、相手の要望にできる限り沿える案を提案します。

＼こんな言い方はNG✕／

当社では、そうしたことに対応していません。

case1 自分で対応する場合

△△△△という方法で、いかがでしょうか?

case2 別の担当者から折り返す場合

**担当より折り返しお電話を差し上げます。
恐れ入りますが、
お名前とご連絡先を
お聞かせいただけますでしょうか?**

POINT 自分で対応できないときは、相手の連絡先を聞いて担当者から折り返し連絡をしてもらいます。

case3 自分では判断できない場合

**確認いたしまして、
折り返しお電話させていただきます。
恐れ入りますが、
お名前とご連絡先を
お聞かせいただけますでしょうか?**

mini column 何を言っても納得してもらえない場合は?

私ではわかりかねるため上の者に代わります。
少々お待ちくださいませ。

上役やクレーム対応の担当者に電話を代わります。このような対応を「エスカレーション対応」と呼びます。相手の興奮がおさまり、解決が早まることがあります。

基本編

「05」電話を切る

相手に提案を受け入れてもらい、納得してもらったら対応は終了。最後まで誠実さとていねいさを持ちながら、感謝の気持ちを伝えて電話を切ることができれば理想的です。

電話を切るときの3つのコツ

コツ①
マニュアル通りのあいさつで終わらない!

コツ②
心を込めて、お礼の気持ちを伝える!

コツ③
最後も必ず名乗る!

一件落着したあとも最後まで気を抜かず、感謝を伝えます。「貴重(きちょう)な意見をもらえたこと」を伝えれば、相手にも気持ちよく電話を切ってもらうことができます。

＼こんな言い方はNG✕／

ご意見、ありがとうございました。今後ともどうぞよろしくお願いします。

❶ 勉強になったことを伝える

このたびは、
貴重なご意見をありがとうございました。
私◎◎が、たしかに承（うけたまわ）りました。

POINT 名乗ることで、信頼感を持ってもらうこともできます。

❷ 感謝を述べる

いただいたご指摘は、
とても勉強になりました。
ありがとうございました。

POINT クレーム内容によっては、お礼を伝えることがそぐわないケースも。そんなときは「今後はこのようなことがないよう注意します」と反省の言葉を伝えます。

❸ フォローする

私、◎◎と申します。
ご不明な点などありましたら、
私までご連絡いただければと思います。
今後とも、よろしくお願いいたします。

mini column **対応後は社内で共有する**

小さなクレームでも、先輩や上司などに報告します。そうすることで社内のルールが変わったり、製品やサービスの品質が向上したりして、クレームの数が減る可能性もあります。

応用編

01 こんなときどうする? ケース別のクレーム対処

クレーマーには、臨機応変(りんきおうへん)に、毅然(きぜん)とした態度で接します。弱腰(よわごし)になると一気に強く迫られてしまいます。最終的には納得、満足してもらうことができれば理想的です。

クレーマーに対処するときの3つのコツ

コツ① **落ち着いて対応策を考える!**

コツ② **会社の問題として受け止める!**

コツ③ **ソフトな口調、言葉づかいを忘れない!**

クレーマーの対応では、とにかく理不尽なことをたくさん言われることがあります。ですが、謝罪をする前に、そのクレームがただの言いがかりでないかを判断します。

＼こんな言い方はNG✕／

そう言われても、困ります。

case1 根拠のない悪質クレームの場合 

私では判断しかねますので、
お時間を頂戴できますか?

case2 暴言を吐かれた場合 

××様、誠に申し訳ございません。
たいへんご迷惑をおかけいたしました。

case3 「社長を出せ」と言われた場合 

私がこちらの責任者として対応しております。

POINT このフレーズでおさまらない場合、「それでは検討して、あらためてご連絡させていただきます」と伝え、電話を切ります。そして、すぐ上司に相談します。

case4 金品を要求された場合

たいへん申し訳ありませんが、
ご要望には沿いかねます。

POINT 「検討します」など、期待をもたせる返事は避けます。

case5 SNS／誹謗中傷(ひぼうちゅうしょう)すると言われた場合 

たいへん残念ですが、
お客様のお考えですので、
わたくしどもが
何か言える立場ではございません。

応用編

02 気をつけたい！使ってはいけないワード

相手を不快、不安にさせる言葉を、あらかじめ知っておくだけでクレーム対応をスムーズに終えることができます。こちら側の本音や感情を、ストレートに伝えないことが大事です。

こんな言葉づかいはNG

Dワード

「D」ではじまる言葉に注意。これらは相手を否定したり、言い訳を続けたりするときに使ってしまいがちな言葉です。クレーム電話を面倒と思いながら対応していると話してしまいがち。これらの言葉は控えます。

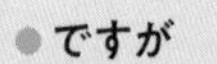

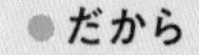

- ですが
- でも
- どうせ
- ですから
- だから

あいまいな表現

あいまいな表現は、「責任の所在をあいまいにしようとしている」ととられかねません。対応に迷うと口にしてしまいやすい言葉です。うっかり口にしないよう注意して、対応に迷ったときは折り返しの電話を提案し、電話を切って上司に相談します。

- たぶん
- とりあえず
- 恐らく
- ～と思います
- 一応

否定のフレーズ

相手の言葉を否定するフレーズは「上から目線」であるため、こちらの言い分や価値観を押し付ける印象を与えます。相手の言い分が間違っていると思って、「こちらのせいではない」と言いたくなっても、ぐっとこらえます。

- そんなわけはないのですが
- そちらの間違いということはありませんか?
- それは絶対にないです
- しかしですね

言い訳フレーズ

言い訳めいた言葉は、相手よりもマニュアルを大事にしている印象を与えかねません。責任逃れをしているようにも聞こえます。どのような事情があるにせよ、言い訳は口にせず、相手の要望に沿った提案・対応をします。

- 当社にも事情があるんです
- 会社の規定です
- 事務処理上
- 基本的には
- そういう決まりです
- 私の担当ではないので

不安をあおるフレーズ

頼りない対応は、自分に対しての信用だけでなく、会社全体の信用を損なうことにつながります。相手が余計にイライラしてしまう可能性もあります。「わからない場合は折り返す」など、できることを提示します。

- えーっと
- 今、わかる者がいません
- 誰もわからないのですが
- そう言われましても
- 私どもも困ります
- じゃあどうすればいいんですか?

ていねいな言葉づかいで話すことを
心がけることはもちろん、
こういったNGフレーズを使わないように、
ふだんから気をつけることも大切!

応用編

03 気をつけたい！してはいけない対応

クレーム電話の対応では、相手の不信感をできるだけつのらせないようにしたいもの。気をつけたいのは言葉づかいだけではありません。迅速かつていねいで、的確に対応します。

こんな対応はNG

たらい回しにする

電話の転送は1回のみ。それでも解決しなかったり、転送すべき担当者がわからなかったりした場合は、「たいへんお待たせしております」とひと言伝えたうえで折り返しの電話を提案します。

こう言おう！

担当者から折り返し
お電話いたしますので、
お名前とお電話番号を
お伺（うかが）いしても
よろしい
でしょうか？

保留のまま長時間待たせる

30秒以上の保留は、相手をより不安にさせるうえに不信感を強めかねません。保留の時間は30秒以内。それ以上待たせそうであれば、折り返しの電話を提案します。

こう言おう！

お調べしてから折り返し
お電話いたしますので、
お名前とお電話番号を
お伺いしても
よろしい
でしょうか？

同じフレーズを連呼する

誠意を伝えるには、「すみません」など同じフレーズを反復せずに、感謝や謝罪などの言葉をうまく言い換えながら対応します。同じフレーズを何度もくり返してしまうと、「何も解決しないんだな」と思われてしまいます。

- お詫びの言葉もございません。
- 心よりお詫び申し上げます。
- ご指摘いただきありがとうござます。

オウム返しにする

相手の言葉を「復唱」することは、確認の意味もあるため大切です。しかし、ただ復唱するだけでは「オウム返し」になります。相手の要望をこちらで整理して、短く簡潔に、わかりやすく引用します。

こう言おう!

わが社のスタッフの態度に不愉快(ふゆかい)な思いをされたということですね。

相手を疑う

「それは本当ですか？」のような言い回しはNG。納得できなくても、いったんはあいづちを打つようにします。

こう言おう!

さようでございますか。

責任逃れ

「私どもの担当ではありません」と言うと、責任逃れに聞こえます。責任を受け止める姿勢を示します。

こう言おう!

あらためて担当者からご連絡いたします。

COLUMN

上司に対応を変わってもらったときは?

対応を変わってもらうときは、相手の状況や言い分をしっかりと聞き取り、「6W3H」(P.54参照) を心がけながら上司に報告をします。また「自分がどのような対応をしたのか」も重要な情報です。「電話は保留にして、相手に待ってもらっている」など、現在の状況についても話します。

対応後はお礼を伝える

上司の対応が終わったことを確認したら、感謝の気持ちを伝えます。上司が忙しそうであれば、メールでお礼を伝えてもかまいません。

反省点を伝えてアドバイスを求める

自分の対応があまりよくなかったと思う点があるときは、反省の気持ちや、同じミスをくり返さないことを伝えます。「こういうときはどうすればいいですか?」と今後の対応の参考になるようなアドバイスを求めてもOK。

6章

緊張しやすい場面

本章では、電話応対で起こりがちな緊張しやすい場面での対応法を、ケース別に紹介します。

受け方

01 英語の電話がかかってきた場合

ビジネス英語には定型文があります。ポイントさえ押さえておけば、怖がる必要はありません。日本語での会話同様、ていねいにゆっくり話します。ゆっくり話すことで、自分自身も落ち着くことができます。

英語の電話に出るときのポイント

ポイント①

まずは落ち着く

電話に出た途端に英語で話し出されると、誰でも動揺するもの。まずは落ち着いて、冷静になります。「難しい会話は求められていない」と言い聞かせてもかまいません。あわてて無言で電話を保留にしたり、電話を切ってしまったりすることがないように注意。

ポイント②

大きな声でゆっくりと話す

話をするときは「聞き取りやすさ」を意識します。緊張して早口になると「英語が得意」と誤解され、相手も早口で話し出してしまうことも。こちらがゆっくりと話せば、相手もゆっくりと話してくれます。自信がないからと声が小さくなってしまわないように、できるだけ大きな声で話します。

ポイント③

慣用的な表現をそのまま覚える

日本語の表現を、英語に直訳しようとしないことが大切です。文法が違うため、日本語をそのまま英語（しかも単語）で話しても、相手には伝わりません。それよりもパターン化した英語のほうが伝わります。定型文をまるっと暗記してしまうのが、相手にとっても自分にとってもよいと言えます。

ポイント④

敬語の表現の違いを覚える

英語の敬称は、男性は「Mr.」(ミスター)、女性は「Ms.」(ミズ)、「Mrs.」(ミセス：既婚女性のみ）で統一です。また「May I」、「Should I」、「Could I」なども よく使われます。これらはあらかじめ頭に入れておくだけでも、英語の電話がきたときの対応力に大きな差が現れます。

＼こんな言い方はNG✕／

I can't speak English.

自分あてに海外の人から電話がかかってくる可能性がない限り、電話の相手は、あなたと話したいわけではありません。大事なことは「名指(なざ)し人に確実に取り次ぐ」こと。名指し人や英語のできる人に速(すみ)やかに取り次ぎます。

「英語ができる人に早く代わりたい」からといって、無言のまま取り次ぐのは絶対にNG。最初に通話をした相手として、誠意を見せて。

英語のできる人に取り次ぐ場合

まったく英語ができない人は、早々（そうそう）と英語のできる人に取り次ぎます。英語ができないと伝えて、待ってもらう。覚える文章は2つだけです。簡単なので丸暗記することをおすすめします。

❶ 英語ができないと伝える

I'm sorry, My English isn't very good.
（すみません、私は英語が上手ではありません）

POINT 「英語ができない」（得意ではない）と言うのは、恥ずかしいことではありません（「英語ができる」とは、交渉ができるレベルを指します）。無理せず定型文フレーズを伝え、英語のわかる人に取り次ぐほうがスマートです。

❷ 英語のできる人に取り次ぐ

I'll get someone who speaks English.
（英語がわかる者に代わります）

OK.
（わかりました）

One moment, please.
（少々お待ちください）

POINT 無言で保留にして、英語のできる人に取り次いでしまうのは失礼です。相手には必ず「少々お待ちください」と伝えます。「Just a moment, please.」というフレーズでもかまいません。便利な言い回しなので、覚えてしまいます。

相手を確認して取り次ぐ場合

誰にあててかかってきた電話なのかを確認できる余裕があれば、頑張って確認します。取り次ぐ回数が一度で済むので、相手にとってもストレスが少なくスマートです。

❶ 名前を聞く

May I speak to Mr.（Ms.）◎◎◎◎?
（◎◎さんをお願いします）

Yes, certainly.
（かしこまりました）
May I ask who's calling, please?
（お名前をお伺（うかが）いしてもよろしいでしょうか?）

POINT 「?」が付く表現は、語尾を上げます。また「Who are you?」、「What's your name」などの表現は、文法的には間違ってはいないのですが、電話の対応では使いません。けんか腰に聞こえたり、上から目線に聞こえたり、失礼にあたるからです。

This is ◎◎◎◎, at ◎◎company.
（私は◎◎会社の◎◎◎◎です）

❷ 取り次ぐ

I'll transfer you to Mr.（Ms.）◎◎◎◎.
（◎◎につなぎます）

POINT 「I'll connect you to Mr.◎◎◎◎」、「I'll put you through.」という表現も使えます。最後に「Thank you」と言い添えると、よりていねいです。転送され待ってもらうことやそもそも電話してくれたことに対してのお礼です。

名指し人が不在の場合

名指し人が不在の場合は、不在の理由を簡単に伝えます。くわしく説明する必要はありません。担当者から折り返す提案をして、名前を聞いたら電話を切ります。

❶ 外出or「出られない」と伝える

May I talk to Mr. (Ms.) ◎◎◎◎?
(◎◎さんをお願いします)

I'm afraid he (she) is out now.
(申し訳ありませんが、外出しております)

POINT 頭に「I'm afraid～」(あいにくですが)というフレーズを付けると、さまざまな表現ができます。「He (she) is not at his (her) desk at the moment」(席を外しています)、「He (She) is in a meeting right now.」(ただいま会議中です)などが代表的です。

❷ 折り返しの提案をする

Should I have him (her) call you back?
(折り返しお電話させましょうか?)

Yes, please.
(お願いします)

❸ 相手のスペルを聞く

Could you spell your name, please?
(名前のスペルをお願いできますか?)

POINT 「How do you spell your name?」という言い回しもOK。外国人の名前には、長いものや、珍(めずら)しいスペルのものもあります。音から推察するのではなく、一文字ずつ確認します。思い込みで綴(つづ)ると、あとでトラブルになることもあります。

Oh sure, it's spelled ◎-◎-◎-◎-◎-◎.
(いいですよ。◎◎◎◎◎◎とつづります)

❹ 電話番号を聞く

May I have your phone number,please?
(電話番号をお聞かせいただけますか?)

POINT 「May I～？」と付けると、よりていねいです。この直後、相手から「Sure. Do you have a paper?」（もちろん、紙はお持ちですか？）と聞かれることがよくあります。メモをとる準備ができていれば「Sure.」（はい、あります／大丈夫です）と答えます。

My phone number is XXXXXX.
Thank you for your help on this.
(電話番号はXXXXXXです。
よろしくお願いします)

❺ 電話を切る

My pleasure. Thank you for your call.
(お電話ありがとうございました)

POINT 「Thank you for～」（～してくれてありがとう）は、さまざまな場面で使えます。英語が苦手な場合、つい「Thank you」と伝えて終わりがちですが、できるだけ「Thank you for ～ing」を使い、「何に感謝しているのか」を表現します。

その他の知っておきたいフレーズ

英語でかかってきた電話が必ずしも定型文通りスムーズに進むとは限りません。相手が早口すぎて何も聞き取れない場合や、社名を確認する必要があるときなど、場面別のフレーズを紹介します。

case1 相手の社名を聞く場合

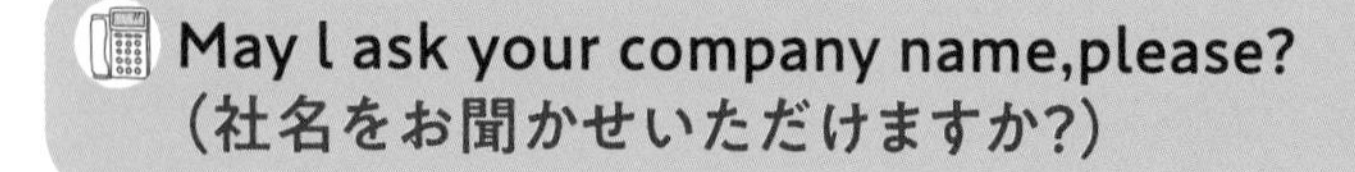

POINT 相手がまだ自分の名前しか名乗っていないときに、会社名を聞くフレーズです。「May I ask～」は英語における便利なクッション言葉です。「恐れ入りますが」、「失礼ですが」というニュアンスを足してくれます。

case2 ゆっくり話してほしい場合 よくある

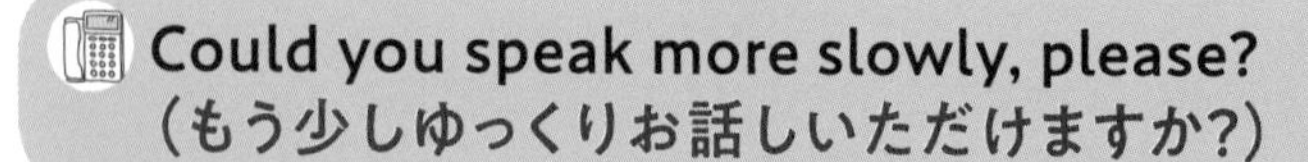

POINT 相手に聞き返すフレーズです。英語が聞き取れなかったことは、恥ずかしいことではありません。大きな声で話してほしいときは「Could you speak a little louder,please?」と伝えます。いずれもよく使われる表現です。

case3 もう一度話してほしい場合

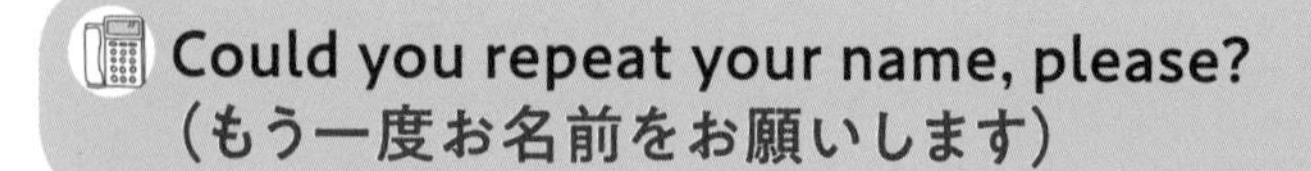

POINT 名前や用件が聞き取れないときは、もう一度話してほしいとお願いします。あいまいに聞いて、別の人に伝えてしまうと仕事のミスにつながりかねません。

使える英語フレーズ集

電話応対でよく使われる英語のフレーズをまとめました。英語の会話が苦手な人は、あらかじめフレーズを丸暗記してしまいましょう。英語の電話がかかってくる可能性のある会社に勤めている人は、フレーズをメモするなどしてデスクまわりに置いておくのもおすすめです。

意味	英語
恐れ入りますが、間違い電話をされていると思います。	I'm sorry. I'm afraid you've dialed the wrong number.
恐縮(きょうしゅく)ですが、そういった名前の者はおりません。	I'm sorry. There is nobody by that name.
申し訳ございません。ただいま話し中です。	I am sorry, the line is busy right now.
申し訳ございません。彼（彼女）はほかの電話に出ております。	I am sorry , but he（she） is on another line.
彼（彼女）は今、外出中で会社にいませんが、2時には戻ってくる予定です。	He（She） is out of office right now and will be back at 2.
彼（彼女）は今、昼食で外出しています。	He（She） is out for lunch now.
彼（彼女）は今、出張中で明日には戻ってくる予定です。	He（She） is on a business trip now and will be back tomorrow.
彼（彼女）は今、会議中です。	He（She） is in a meeting now.
彼（彼女）は今、対応が難しいです。（※よりていねいな言い方）	He（She） is not availalbe at this moment.
彼（彼女）は今日、休みとっております。	He（She）is off today.
彼（彼女）は本日はすでに退社しています。	He's（She's） already left today.
彼（彼女）はもうここで働いていません。	He（She） no longer works here.

受け方

02 道案内依頼の電話がかかってきた場合

「道に迷ってしまって……」という電話はよくあります。会社に来てくれる人はみんな、大事なお客様です。面倒がらずにナビゲートできれば、会社全体の評価アップにもつながります。

道案内をするときの3つのコツ

コツ①
相手の現在位置を最初に聞く!

コツ②
「東西南北」や「m（メートル）」で表現しない!

コツ③
具体的な目印を挙げて説明する!

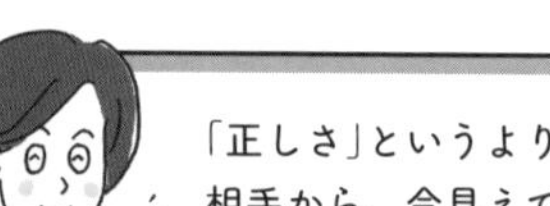

「正しさ」というより「わかりやすさ」を最優先して説明します。相手から、今見えている建物などを聞き出し、近くにある別のお店などを目印に伝えると親切です。

＼こんな言い方はNG✕／

弊社は、駅から北西に150mのところにあるビルの中です。

❶ 居場所を確認する

すみません、御社(おんしゃ)に伺う予定の者なのですが、道に迷ってしまいました……。

そこから目印になるようなものは、何か見えますか?

右に◎◎銀行が見えます。

❷ 目印とともに案内する

**◎◎銀行を右に見ながら、
道沿いに歩きます。
2つ目の交差点を左へ曲がり
1分ほど歩くと、
1階にファミリーレストランのある
ビルが見えてきます。
弊社は、そのビルの5階です。**

POINT 具体的な名前、数をしっかり伝えます。会社周辺のお店や道路の状況などを、ふだんから把握(はあく)しておきます(会社によっては説明マニュアルがあることもあります)。

❸ 電話を切る

**私、◎◎と申します。
途中でまた迷われたら、ご連絡ください。**

POINT 名乗ったり、「お気をつけてお越しください」、「お待ちしております」と付け加えると、より親切でていねいです。

受け方

03 電話中にほかの電話がかかってきた場合

自分だけで電話に出なければならない状況でも、そのときつながっている電話に誠実に対応します。別回線の電話が鳴り続けていても、いったん無視してしまって大丈夫。あせりは禁物です。

電話中にほかの電話がかかってきたときの3つのコツ

コツ1
いったん出た電話には、最後まで対応する!

コツ2
急に早口にならない!

コツ3
相手から申し出があれば、切ってよい!

↓

「電話が鳴っているようだからかけ直そうか?」と言われない限りは、ふだん通りに対応します。「自分は大事ではないのか」と相手を不快にさせてしまうこともあるからです。

＼こんな言い方はNG✕／

ほかの電話に出ないといけないので、いったん切ります。

case1 電話をいったん切る場合

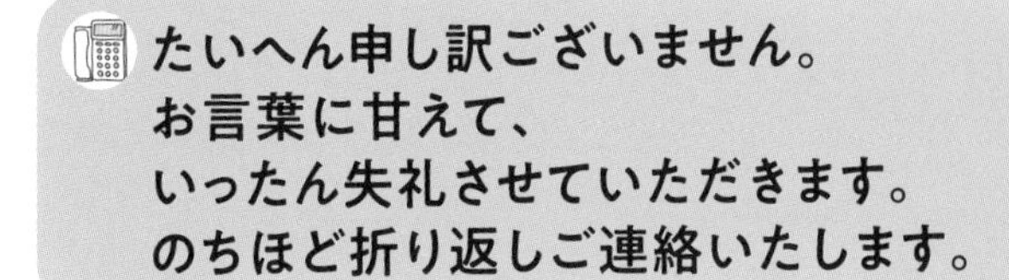

**たいへん申し訳ございません。
お言葉に甘えて、
いったん失礼させていただきます。
のちほど折り返しご連絡いたします。**

POINT 基本は、応対中の電話を優先します。しかし相手から「電話が鳴っているようなので、折り返します」という申し出があれば、このように答えて切ってもかまいません。

case2 切った電話にかけ直す場合

**たいへんお待たせいたしました。
先ほどはお話の途中で、
申し訳ございませんでした。**

case3 出られなかった相手から再度電話がかかってきた場合

**先ほどは電話応対中で電話をとれず、
たいへん申し訳ございませんでした。**

mini column **誰からの電話だったかを、着信履歴で確認しよう**

先ほどお電話をいただいたようなのですが、
出られずたいへん失礼いたしました。

基本的にはもう一度かかってくるまで待っていても問題ありませんが、明らかに自分あての電話であることがわかる場合は、こちらからかけなおします。

受け方

04 社員の家族から電話がかかってきた場合

中小企業では、社員の家族から直接電話がかかってくることがあります。社員の家族でも取引先と同じととらえ、ていねいに対応します。プライバシーに配慮することも大事です。

社員の家族からの電話に対処するときの3つのコツ

コツ①
社員の家族には敬称を付ける!

コツ②
敬語で話す!

コツ③
取り次ぐときは「ご家族から」などとぼかす!

電話を取り次ぐときに、家族の「誰から」の電話なのかを伝える必要はありません。ほかの社員にも聞こえるからです。また、ていねい語や尊敬語を使って、敬意を表します。

＼こんな言い方はNG✕／

部長、奥さんから電話です。

❶ 挨拶をする

いつもお世話になっております。
◎◎の妻ですが、◎◎はおりますでしょうか？

◎◎部長の奥様でいらっしゃいますね。
いつもお世話になっております。

❷ 電話を取り次ぐ

case1 内線で取り次ぐ場合

◎◎部長、ご自宅からお電話です。

POINT 遠まわしな表現が第一です。「ご家族から」、「身内の方から」など、ぼかして伝えます。

case2 名指し人が不在の場合

たいへん申し訳ございません。
◎◎部長は
ただいま接客中でいらっしゃいます。

❸ 電話を切る

折り返しの電話が必要な旨(むね)、
たしかに申し伝えます。
それでは失礼いたします。

POINT 伝言や折り返しを頼まれた場合、「たしかに申し伝えます」と伝えたうえで電話を切ります。

受け方

05 間違い電話がかかってきた場合

たとえ間違い電話であっても、失礼な対応をしてしまうと会社全体の印象を悪くしてしまいます。業務に関係のない電話や、いたずら電話がきたとしても、あわてずていねいに対応します。

間違い電話がかかってきたときの3つのコツ

コツ① 「間違い電話」かどうかは、相手が決める!

コツ② 「無言電話=相手が悪い」と早とちりしない!

コツ③ 間違い電話の相手に高圧的(こうあつてき)な態度をとらない!

間違い電話には、電話番号を伝えて相手に確認してもらいます。無言電話も、トラブルの可能性があるのでていねいに対応します。いずれも「相手が悪い」と決めつけないことです。

＼こんな言い方はNG✕／

番号、間違ってると思いますよ。

case1 間違い電話を受けた場合

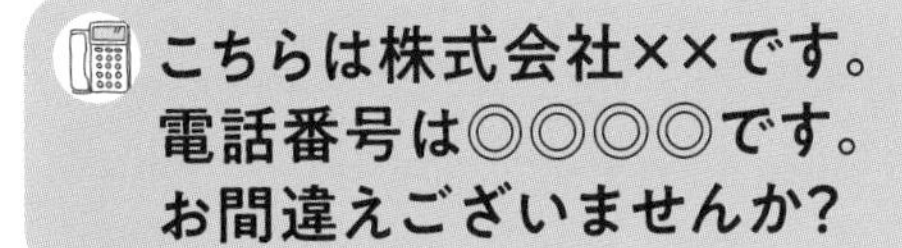

POINT 「すみません、間違えました」と言われたら「かしこまりました、失礼いたします」と返します。

case2 会社は同じだけど別部署あての電話だった場合 

こちらは◎◎部でございます。
△△部におつなぎしますので、
このままお待ちいただけますでしょうか。

POINT 相手がかけようとした部署に案内します。

case3 無言電話を受けた場合

申し訳ございません。
お声がこちらに届かないようですので、
お電話を切らせていただきます。
失礼いたします。

mini column **間違い電話こそ電話応対の技量が問われる**

間違い電話や無言電話がかかってくると、つい適当に対応してしまいがち。ただ、ここで誠実な対応ができれば、偶然間違い電話をかけてしまった人を会社のファンにすることもできるのです。電話応対で、会社のイメージが大きく左右されるということを忘れずに。

かけ方

01 会社に遅刻する場合

遅刻の報告や相談は早めに行うのが鉄則です。交通機関の遅れや事故など、自分に非がない理由であっても、遅刻が確定した時点ですぐに連絡を入れます。お詫びの気持ちを忘れずに。

会社に遅刻するときの電話の3つのコツ

コツ① **なるべく早めに電話・相談する!**

コツ② **お詫びの気持ちを伝える!**

コツ③ **出社時間の予定を伝える!**

電話をかけたら、まずお詫びの気持ちを伝えてから遅刻の理由と出社時刻をできるだけくわしく報告します。状況によってさらに遅くなりそうな場合は、もう一度連絡します。

＼こんな言い方はNG✕／

すみません。今日、遅刻します。

case1 電車遅延の場合

申し訳ございません。
電車が遅延しておりまして、
◎分ほど遅れてしまいます。

POINT どれくらい遅れるのかが判断できない場合は、「わかり次第また連絡します」と伝えます。

case2 寝坊をしてしまった場合

申し訳ございません。
寝坊をしてしまいまして、
◎分ほど遅れます。
よろしくお願いいたします。

POINT 「寝坊した」と言うのは勇気がいることですが、嘘をつくよりも正直に話して謝罪をするのがベストです。

case3 病院に行ってから出社する場合

申し訳ございません。
体調が悪いので、本日は病院に寄ってから
出社してもよろしいでしょうか。

mini column **メールやLINEでの連絡はNG?**

遅刻の連絡は原則電話です。ただし、電車に閉じ込められてしまったときなど、電話ができない状況の場合は、いったんメールで連絡をし、あとから電話をかけます。

かけ方

02 会社を欠勤する場合

体調を崩したり、身内の不幸に見舞われたりすることは誰にでもあります。会社を休まなければならないときも、遅刻同様、始業開始までに電話で報告します。できれば直属の上司に連絡をするのがベターです。

会社を欠勤するときの電話の3つのコツ

コツ① **お詫びをしてからお伺いを立てる!**

コツ② **業務のサポートについての相談もセットで!**

コツ③ **後日のお詫びも忘れずに!**

やむを得ない事情でも「休みます」と断定口調で話すのはNG。許可を求める言い回しを使います。仕事の進捗(しんちょく)を報告し、フォローが必要ならお願いします。

＼こんな言い方はNG✕／

すみません、今日は休みます。

case1 体調不良の場合 

たいへん申し訳ございません。
風邪で熱があります。
本日は休暇をいただきたいのですが……。

POINT まず謝罪をしてから、お伺いを立てます。

case2 身内の不幸など急用の場合

たいへん申し訳ございません。
◎◎が突然亡くなりました。
本日は休暇をいただきたいのですが……。

POINT こちらも謝罪をしてからお伺いを立てます。突然の欠勤で迷惑がかかることがあるので、後日のお詫びも忘れずに。

case3 直属の上司が不在の場合

△△部長にはあらためてご連絡しますが、
ひとまず伝言を
お願いしてもよろしいでしょうか？

POINT 欠勤の際は、基本的に直属の上司に連絡します。仕事の引継ぎが必要な場合、仕事状況を把握している人と話すのが一番いいからです。

mini column 急ぎの仕事などがあるときは？

アポイントが入っていたり、納期や提出期限が迫っていたりするときは、速やかに上司に相談します。特別な体制を組んでもらったりする必要があります。１人で抱え込むと、あとから業務が重なって仕事がさばき切れなくなったり、逆に会社に迷惑をかけてしまったりする可能性も。

かけ方

03 道に迷ってしまった場合

道に迷って、地図を見ても目的地にたどり着けないときは、電話をして案内してもらいます。迷子になるのは恥ずかしいことではありません。迷い続けて、約束の時間に遅刻してしまうほうがNGです。

道案内の依頼をするときの3つのコツ

コツ①
道案内をお願いするときも、必ず名乗る!

コツ②
あせっていても、ていねいに話す!

コツ③
お願いごとは「命令形」でなく「依頼形」!

あせっているときほど、ぞんざいでストレートな口のきき方をしてしまいがち。「名乗り→依頼形での道案内お願い→お礼」と、手順を踏むことを忘れずに。

＼こんな言い方はNG✕／

急ぎで、そちらへの行き方、教えてください。

❶電話をかける

**お世話になっております。
株式会社◎◎の◎◎と申します。
御社の近くで迷ってしまいました。**

今、どちらにいらっしゃいますか？

❷居場所を伝える

今、◎◎デパートの前におります。

POINT 電話に出た相手が、「道順の説明に慣れた人」とは限りません。相手が説明しやすいように、「見えるもの」を具体的に、簡潔に伝えます。

**そうしましたら、◎◎デパートを左手にして、
2分ほど歩いてください。
公園の手前の交差点の、
黒いビルの10階が弊社です。**

❸お礼を伝える

**ありがとうございます。
これからすぐに向かいます。
よろしくお願いいたします。**

POINT 遅れそうなときは、道をたずねる電話をした際に、「遅れる」という旨の伝言を、相手にお願いしましょう。

かけ方

04 アポイントに遅れる場合

たとえ数分の遅刻でも、相手に迷惑をかけたことになります。約束の時間に遅れてしまったことを心から謝罪し、今後の対処法を手短に伝えます。言い訳は絶対にNGです。

アポイントに遅れる電話をするときの3つのコツ

コツ①
お詫びの気持ちを強く伝える!

コツ②
たとえ緊急時でも、敬語でていねいに話す!

コツ③
どの程度遅れるのか具体的に報告する!

出先からの緊急の電話だからといって、ぶっきらぼうな話し方はしてはいけません。ましてやお詫びの連絡なのですから、低姿勢でていねいに話します。

＼こんな言い方はNG✕／

すみません、ちょっと遅れます。

❶ 電話をかける

お世話になっております。
株式会社◎◎の◎◎と申します。
たいへん申し訳ございませんが、
10分ほど遅れてしまいます。

POINT 遅れる可能性に気づいたときに、早めに伝えます。もし、大幅に遅れそうな場合は「お差し支(つか)えありませんか？」と、相手の都合を確認します。

承知しました。

❷ 理由を述べて謝罪する

事故で電車が20分止まってしまいました。
今後はこのようなことがないよう、
気をつけてまいります。

POINT 交通機関の遅れなど、どうしようもない理由で遅刻するときも、心を込めてお詫びをします。「気をつけてまいります」とていねいに伝えます。

こちらはまったく大丈夫ですよ。
では、お待ちしていますね。

❸ 電話を切る

たいへん申し訳ございません。
のちほどよろしくお願い申し上げます。
失礼いたします。

かけ方

05 催促の電話をする場合

「約束が守られていない」と思ったら、相手を責めたくなってしまうときもあります。でも、感情的になって相手を責め立てるのは逆効果。冷静に対応するのが大人のビジネスマナーです。

催促（さいそく）の電話をするときの３つのコツ

コツ①
お願いする「依頼形」の言い回しで!

コツ②
遠まわしな表現を心がける!

コツ③
失礼な印象を与えない!

こちら側の見落としや、勘違いの可能性もあるので断定する言い方は避けます。非難するような口調もNG。「確認をお願いできませんか」とていねいに頼みます。

＼こんな言い方はNG✕／

今日、納品（のうひん）日なのに、商品が届いていません。

case1 納品物の催促の場合

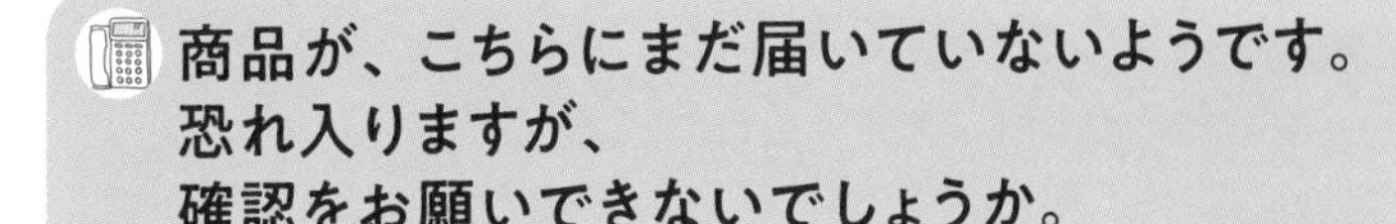

商品が、こちらにまだ届いていないようです。恐れ入りますが、確認をお願いできないでしょうか。

POINT 確認ミスの可能性もあるので、低姿勢で話します。「催促するようで申し訳ないのですが」とフォローの言葉を一言添えると、よりていねいです。

case2 メール返信の催促の場合 

メールをお待ちしておりますが、まだ届いていないようです。こちらのトラブルかもしれませんが、確認をお願いできないでしょうか。

POINT その後、メールが届いたら「今届きました、お手数をおかけしました」と電話します。

case3 折り返しの電話がこない場合

昨日、折り返しお電話をいただけるようお願いをしたのですが、お電話がなかったためご連絡いたしました。

mini column 催促の電話をかける前に確認を

メールや資料、納品物が期日（きじつ）までに来ないときは、催促の連絡をしてもかまいません。ただし、じつは届いていたということもよくあります。自分の勘違いだった場合、相手に不快感を与えてしまう可能性も。

かけ方

06 お詫びの連絡をする場合

「お詫び」とは本来、直接会って行うものです。ここでは、電話で取り急ぎ謝罪する方法について説明します。直接謝罪に行くほどのことではない場合でも、連絡が遅れたときなどにはひと言お詫びを伝えます。

お詫びの電話をするときの3つのコツ

コツ1
「ミス」という言葉は使わない!

コツ2
決まり文句は「申し訳ございません」!

コツ3
理由よりも、謝罪の気持ちを伝える!

お詫びの電話では、理由よりも、お詫びの気持ちを伝えることが大切です。「言い訳をしている」と受け取られないよう、誠実な態度で謝罪しましょう。そのあと、対応策を伝えます。

＼こんな言い方はNG✕／

◎◎のせいでミスってしまいました……。すみません。

case1 トラブルが発生した場合

**お電話で恐縮ですが、
とにかくお詫びを申し上げたく
ご連絡いたしました。
このたびは◎◎の件、
たいへん申し訳ございませんでした。**

POINT 「不手際をお詫びいたします」というフレーズでもかまいません。電話のあとにあらためてお詫びに伺います。

case2 連絡が遅くなってしまった場合 

**このたびはご連絡が遅くなってしまい、
たいへん申し訳ございませんでした。**

POINT 先方に連絡するタイミングが遅くなってしまうこともあります。そんなときは、電話をかけたらまず謝罪します。本題はそのあとでかまいません。

case3 期日が守れなかった場合

**このたびは期日が遅れたことで
ご迷惑をおかけしてしまい、
たいへん申し訳ございませんでした。**

POINT 約束を守れなかった事実について、まず謝罪することが大事です。期日を守れなかったことで相手に迷惑をかけてしまったことに対してもていねいに謝罪します。

誠意をもって謝罪すれば、
何度も謝る必要はナシ。
しつこく謝るよりも、切り替えて謝罪後に
しっかり対応するほうが大切。

かけ方

07 断りの連絡をする場合

電話でお断りをしなければならないときは、相手を傷つけないよう、心を込めて伝えます。こういうときこそ、クッション言葉が役立ちます。相手がまた仕事を依頼してくれるよう、ていねいに断ります。

断りの連絡をするときの3つのコツ

コツ①
相手が傷つくような理由なら、伏せていい!

コツ②
「残念ですが」などクッション言葉を使う!

コツ③
露骨な言い方ではなく、遠まわしな言い方で!

お断りする本当の理由を、正直に伝える必要はありません。嘘も方便と言います。「今回は見合わせることになった」などと遠まわしに伝えます。

＼こんな言い方はNG✕／

すみません、今回の案件は他のところに頼むことになりました。

case1 案件を断る場合

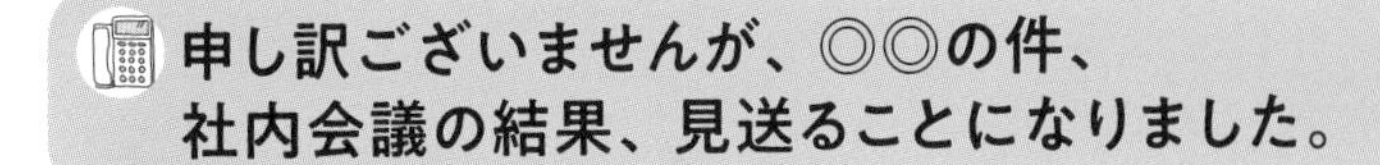

POINT 「残念ですが」、「たいへん心苦しいのですが」などのクッション言葉から切り出します。また、相手が納得せざるを得ない理由を用意します。

case2 誘いを断る場合 よくある

たいへんありがたいお話ですが、その日は◎◎の予定が入っており、伺えそうにありません。

POINT 断ったあとは「お誘いいただいてありがとうございます」と感謝の気持ちを伝えます。また、「×日なら出席できる」と代案を提案できれば理想的です。

case3 相手の心遣いを断る場合

せっかくのお心遣いですが、◎◎の理由により、お気持ちのみを頂戴したく存じます。何卒、ご理解いただけますと幸いです。

POINT 「今度お礼にご飯でも」、「お世話になったのでお菓子を送りたいのですが」など、相手が気遣ってくれる場面がときどきあります。会社として金品の受け取りを断っている場合もあるため、あらかじめ確認しておきます。また、相手の好意を断ることになるため、最大限のていねいさで対応します。

番外編

01 メールアドレスを伝えるコツ

メールアドレスは、相手に聞くときも相手に伝えるときも注意が必要です。聞き間違い、言い間違いがあるともう一度電話でやりとりをしなければなりません。見当のつくアドレスでも、省略せず確認を。

メールアドレスを聞く場合

❶ アドレスを聞く

アドレスを教えていただけますか?

チシマ　タロウ、アットマーク、マナーズ、ドットシーオー、ドットジェーピー

❷「チ」や「シ」に注意して確認する

チシマの「チ」は「ti」でしょうか、それとも「chi」でしょうか?
チシマの「シ」は「si」でしょうか、それとも「shi」でしょうか?

POINT 日本語をアルファベットで表現するとき、「日本式ローマ字」か「ヘボン式ローマ字」かによって表記が違ってきます。今はヘボン式が増えてきていますが、日本式を採用している会社も多いので確認します。

❸ 復唱する

**では、確認させていただきます。
tisimatarou@manners.co.jp で
よろしいでしょうか?**

メールアドレスを伝える場合

**メールアドレスは、名前が「伊藤あすか」、
会社名が「田中商事」ですので、
ito-a@tanakashoji.jpになります。
イトウは「ito」、ショウジは「shoji」です。**

POINT 自分のアドレスを伝える場合は、相手に伝わりやすいように工夫します。会社名と氏名がセットになっているアドレスであれば、上記のように言うと伝わりやすいです。

アルファベットを読み上げる場合

**イトウは、インターネットのi、東京のt、
大阪のo。ショウジは、スペインのs、
ホンコンのh、大阪のo、ジャパンのj、
インターネットのiです。**

POINT 「ごく一般的な綴(つづ)りだから、わかってもらえるはず」と思っても。ひと文字ずつアルファベットを読み上げます。聞き間違えやすい組み合わせとしては「m」と「n」、「d」と「t」、「9」と「q」などがあります。

電話を切ったあと、
アドレスがきちんと伝わったか不安な人は
FAXを送るという手段も。

番外編

02 アルファベットの説明法

メールアドレスや製品の型番（かたばん）などを相手から聞き取り、復唱する機会は多いものです。聞き取りミスを防ぐために、よく知られた言葉やわかりやすい単語に言い換えて復唱します。

アルファベット	伝わりやすい説明の例
A	アメリカ、アップル、アジア
B	ブラジル、ブラック、ブラボー、ベッド
C	チャイナ、ABCのC
D	デジタル、ダイヤモンド、ドコモ、ドッグ
E	イングランド、イングリッシュ
F	フランス、フラワー、ファミリー
G	ゴルフ、ジャイアンツ、グリーン
H	ホンコン、ハワイ、ハッピー、ホテル
I	イタリア、インド、インターネット
J	ジャパン、ジャングル
K	コリア、キング
L	ロンドン、ライオン、ラッキー

アルファベット	伝わりやすい説明の例
M	ミュージック、マクドナルド、ミディアム
N	ニッポン、ニューヨーク、ニュース
O	大阪、オレンジ、OK
P	パソコン、ピンク、パーキング
Q	クイズ、クイーン
R	ローマ、ロシア
S	スペイン、スマイル、スモール
T	東京、Tシャツ
U	USA、UFO
V	ベトナム、ビクトリー
W	ワシントン、ワールド
X	エックス線
Y	横浜、ワイシャツ、イエロー
Z	ゼブラ

番外編

03 漢字の説明法

漢字を電話の相手に伝えるときには、注意が必要です。「ごんべん」などの部首名や、地名、歴史上の人物を例に出して説明すると、とてもわかりやすくなります。

多い読み方	漢字	部首	説明するときの例文
あ	阿	こざとへん	阿蘇山の「あ」
あ	亜	に	亜熱帯の「あ」
あさ	浅	さんずい	浅間山の「あさ」
い	依	にんべん	依頼の「い」
う	鵜	とり	鵜飼いの「う」
う	宇	うかんむり	宇宙の「う」
えい	永	みず	永遠の「えい」
か	掛	てへん	掛け算の「か」
か	河	さんずい	河川の「か」
かい	介	ひとやね	介護の「かい」
がく	岳	やま	山岳の「がく」
きょう	恭	したごころ	恭賀新年の「きょう」
くん	勲	れっか	勲章の「くん」
ぐん	群	ひつじ	群馬県の「ぐん」
けい	慶	こころ	慶應義塾大学の「けい」

多い読み方	漢字	部首	説明するときの例文
けん	賢	かい	「賢(かしこ)い」という字
けん	研	いしへん	研究の「けん」
けん	建	えんにょう	建設の「けん」
げん	元	ひとあし	元気の「げん」
ご	悟	りっしんべん	孫悟空(そんごくう)の「ご」
こう	荒	くさかんむり	荒野(こうや)の「こう」
こう	耕	すきへん	畑を「耕(たがや)す」の「こう」
こう	航	ふねへん	船で「航海」するの「こう」
こう	晃	ひ	「日」の下に「光」
こう	功	ちから	成功の「こう」
こう	孔	こへん	儒教の孔子(こうし)の「こう」
こう	弘	ゆみへん	弘法大師(こうぼうたいし)の「こう」
ごう	剛	りっとう	質実剛健(しつじつごうけん)の「ごう」
こうじ	麹	ばくにょう	塩麹(しおこうじ)の「こうじ」
こし	越	そうにょう	埼玉県越谷市の「こし」
さ	紗	いとへん	「いとへん」に「少ない」
さい	彩	さんづくり	色彩の「さい」
さぎ	鷺	とり	鳥のサギ
ざき	崎	やまへん	宮崎県の「ざき」
し	詩	ごんべん	ポエムの「詩」の「し」
しずく	雫	あめかんむり	岩手県雫石(しずくいし)の「しずく」
じゅ	樹	きへん	樹木の「じゅ」
じゅ	寿	すん	長寿の「じゅ」
しゅう	収	また	収入の「しゅう」

多い読み方	漢字	部首	説明するときの例文
しゅう	柊	きへん	「きへん」に「冬」
じゅん	順	おおがい	順番の「じゅん」
じゅん	潤	さんずい	「潤う」という字の「じゅん」
しょう	翔	ひつじへん	飛翔（ひしょう）の「しょう」
しょう	祥	しめすへん	「しめすへん」に「羊」
しん	慎	りっしんべん	「慎（つつし）む」という字の「しん」
せ	瀬	さんずい	瀬戸内の「せ」
せい	精	こめへん	精神の「せい」
せい	成	ほこがまえ	成功の「せい」
せき	関	もんがまえ	関ケ原の「せき」
せん	扇	とかんむり	扇風機の「せん」
そく	則	りっとう	規則の「そく」
たい	泰	したみず	天下泰平（てんかたいへい）の「たい」
たか	隆	こざとへん	西郷隆盛の「たか」
つよし	毅	るまた	犬養毅（いぬかいつよし）の「つよし」
てい	堤	つちへん	堤防の「てい」
てつ	哲	くち	哲学の「てつ」
てん	典	はち	百科事典の「てん」
と	斗	とます	北斗七星の「と」
とも	朋	つきへん	「月」を2つ横に並べる
はく	伯	にんべん	伯爵（はくしゃく）の「はく」
ばく	獏	けものへん	夢を食べる「ばく」
はら	原	がんだれ	原っぱの「はら」
びん	敏	のぶん	敏感の「びん」

多い読み方	漢字	部首	説明するときの例文
ふち	淵	さんずい	東京の千鳥ヶ淵の「ふち」
ほ	穂	のぎへん	稲穂の「ほ」
ほ	帆	はばへん	帆立の「ほ」
ほう	芳	くさかんむり	「芳しい」という字の「ほう」
ま	舞	まいあし	「踊りを舞う」の「ま」
みず	瑞	おうへん	「瑞々しい」の「みず」
や	哉	ほこづくり	志賀直哉の「や」
や	弥	ゆみへん	弥生時代の「や」
やなぎ	柳	きへん	木の「やなぎ」
ゆい	唯	くちへん	唯一の「ゆい」
ゆう	裕	ころもへん	裕福の「ゆう」
ゆう	祐	しめすへん	「しめすへん」に「右」
ゆう	悠	こころ	悠々自適の「ゆう」
よう	陽	こざとへん	太陽の「よう」
よう	養	しょく	栄養の「よう」
り	凛	にすい	「凛々しい」の「り」
りつ	律	ぎょうにんべん	法律の「りつ」
りん	臨	しん	臨時の「りん」
ろう	郎	おおざと	桃太郎の「ろう」
ろう	朗	つき	朗読の「ろう」

Company data

会社名

住所 〒

電話番号 （代表）

（直通）

（内線）

FAX番号

メールアドレス

HP

メモ

様　月　日(　)

様より　受付

□折り返し電話ください
□もう一度電話します
□電話があった旨をお伝えください
□メールを送ります
□下記伝言を預かりました

伝言

様　月　日(　)

様より　受付

□折り返し電話ください
□もう一度電話します
□電話があった旨をお伝えください
□メールを送ります
□下記伝言を預かりました

伝言

監修　直井(なおい)みずほ

おもてなし講師。国際おもてなし協会代表理事。御三家ホテル、航空会社にて多くのVIPをおもてなし。おもてなしをつなぐひろげることをテーマに「おもてなしに関する資格」の認定も行う、国際おもてなし協会を設立。世界初の『おもてなし教科書』を発売。監修書は『大人の気づかい＆マナーサクッとノート』(永岡書店)、『図解でわかる！　ビジネス文書』(秀和システム)など多数。

- 執筆協力……山守麻衣
- 本文デザイン・DTP……大山真葵(ごぼうデザイン事務所)
- イラスト……WOODY
- 編集協力……有限会社ヴュー企画(岡田直子)
- 編集担当……原智宏(ナツメ出版企画株式会社)

本書に関するお問い合わせは、書名・発行日・該当ページを明記の上、下記のいずれかの方法にてお送りください。電話でのお問い合わせはお受けしておりません。
・ナツメ社webサイトの問い合わせフォーム
https://www.natsume.co.jp/contact
・FAX(03-3291-1305)
・郵送(下記、ナツメ出版企画株式会社宛て)
なお、回答までに日にちをいただく場合があります。正誤のお問い合わせ以外の書籍内容に関する解説・個別の相談は行っておりません。あらかじめご了承ください。

電話応対(でんわおうたい) これができればOKです！

2021年 3月30日　初版発行
2024年 7月 1日　第4刷発行

監修者　直井(なおい)みずほ　Naoi Mizuho,2021
発行者　田村正隆
発行所　株式会社ナツメ社
東京都千代田区神田神保町1-52 ナツメ社ビル1F(〒101-0051)
電話 03-3291-1257(代表)　FAX 03-3291-5761
振替 00130-1-58661

制　作　ナツメ出版企画株式会社
東京都千代田区神田神保町1-52 ナツメ社ビル3F(〒101-0051)
電話 03-3295-3921(代表)

印刷所　ラン印刷社

ISBN978-4-8163-6995-7　Printed in Japan
〈定価はカバーに表示してあります〉
〈乱丁・落丁本はお取り替えします〉